AF221366

Einfach

Hygge

Wie Sie Schritt für Schritt das dänische Wohlbehagen selbst verspüren und Ihr neues Lebensgefühl begrüßen

inkl. Gedankenkarten zum Ausschneiden

Anneke Bluhm

FSC
www.fsc.org
MIX
Papier aus ver-
antwortungsvollen
Quellen
Paper from
responsible sources
FSC® C105338

Alle Ratschläge in diesem Buch wurden sorgfältig erwogen und geprüft. Eine Garantie kann dennoch nicht übernommen werden. Eine Haftung für jegliche Personen-, Sach- und Vermögensschäden ist daher ausgeschlossen. Die Benutzung dieses Buches und die Umsetzung der darin enthaltenen Informationen erfolgt ausdrücklich auf eigenes Risiko.

Alle Rechte, insbesondere das Recht der Vervielfältigung und Verbreitung der Übersetzung, vorbehalten. Kein Teil des Werkes darf in irgendeiner Form (durch Fotokopie, Mikrofilm oder ein anderes Verfahren) ohne schriftliche Genehmigung reproduziert oder unter Verwendung elektronischer Systeme gespeichert, verarbeitet, vervielfältigt oder verbreitet werden.

⅄ INHALT

Aktiv ein „Hyggeli" werden   45

Vorwort

In diesem Buch geht es um Sie. Ja, richtig gelesen/gehört. Es geht um Sie und Ihr Leben. Aber lassen Sie uns ganz in Ruhe von vorne anfangen. Die Dänen sind mit die glücklichsten Menschen der Erde und ihr Glücksrezept heißt „Hygge".

Dahinter verbirgt sich die gemütliche Art zu leben. Das Gefühl der Liebe, der Freundschaft, des Genusses und des Geschmacks, des Vertrauens, der Zuneigung und all diese positiven Themen gehören zu diesem Buch und werden aus verschiedenen Perspektiven beleuchtet.

Lassen Sie uns Überlegungen anstellen, wie Sie das Leben wirklich Leben möchten. Machen Sie sich bewusst, WAS Sie leben möchten. Gehen wir gemeinsam auf die Suche.

Keine Angst, es ist nie zu spät, anzufangen. Ich bin mir ganz sicher, Sie werden das Gefühl bzw. die Lebenseinstellung bereits in sich tragen und brauchen nur den einen oder anderen Gedankenanstoß, um das Hygge in Ihnen zu wecken, zu erkennen oder auch zu finden.

Hygge ist überall zu finden und in diesem Buch erfahren Sie, worauf Sie achten müssen, um hyggelig zu werden bzw. Hygge zu erkennen und ein bisschen Hygge auch in Ihr Leben einfließen zu lassen.

Keine Sorge, Sie müssen kein Skandinavien-Fan werden oder Dänisch lernen, wobei es sicher Schlimmeres gibt. Es ist viel einfacher, als Sie denken.

Nicht dass Sie glauben, das Buch lehrt das Faul-Sein. Das ist mit Hygge nicht gemeint, ganz im Gegenteil. Aber das werden Sie beim Lesen/Hören des Buches schnell merken.

„*Hygge*" ist Trend! Das skandinavische "GOOD-FEELING"

Hygge ist in aller Munde. Es gibt kaum einen Bereich, in den es das Wort nicht geschafft hat, Einzug zu halten. Nun möchte ich Sie gerne auf die Spuren des Wortes entführen, neugierig machen und vielleicht sogar in Ihnen ein neues Lebensgefühl wecken.

Die Bedeutung des Wortes „Hygge"

HYGGE (ausgesprochen -> HÜGGE) steht offiziell seit 2017 im Duden und wird dort mit der Bedeutung: Gemütlichkeit, Heimeligkeit als Lebensprinzip (in Dänemark) übersetzt.Auch die Engländer haben es längst erkannt und ebenfalls im Jahr 2017 das Wort Hygge in das Oxford English Dictionary aufgenommen. Es ist damit offiziell ein englisches Wort dänischer Herkunft.

Das Wort „Hygge" wird in den meisten dänischen Wörterbüchern mit „Gemütlichkeit" oder auch mit „es sich gemütlich machen" übersetzt. Eine richtige und punktgenaue Wort-zu-Wort-Überset-zung ins Deutsche gibt es für das Wort „Hygge" aller-dings nicht. Es ist ein Daseinszustand und daher nicht so einfach zu übersetzen. Das Wort „Gemüt-lichkeit" deckt nicht die komplette Bedeutung ab. Es ist vielmehr ein Gefühl, welches es zu übersetzen gilt, und das ist bekanntlich schwer. Als Synonyme für Hygge könnte man auch folgende Begriffe ver-wenden, auch wenn jeder Begriff für sich allein nicht die richtige Bedeutung aufzeigt:

-die innere Ruhe
-Zufrieden- und Gelassenheit
-das Wohlbefinden
-eine herzliche, warme Atmosphäre
-die Gemütlichkeit
-das Hier und Jetzt genießen
-die gute Zeit des Lebens mit netten Menschen teilen
-ein Erlebnis von Gemeinschaft
-die Behaglichkeit
-die Geborgenheit
-die Nestwärme
-ein Gefühl, verwurzelt zu sein

Achtsam mit sich selbst und seinem Handeln umgehen, Freunde um sich zu haben, die erden, Trost spenden und auch Sicherheit vermitteln – Hygge hat keine negativen Seiten, sondern nur Zufriedenheit.

Und das Schönste: Hygge kann man nicht kaufen, es ist für ALLE da. Hygge beschreibt einen Zustand, der Ihnen sicherlich bekannt ist, und trotzdem haben Sie ihn noch nie in Worte gefasst. Hygge ist überall zu finden und in diesem Buch erfahren Sie, worauf Sie achten müssen, um hyggelig zu werden bzw. Hygge zu erkennen.

Man könnte auch sagen, Hygge ist die Steigerung von Gemütlichkeit.

Die Geschichte

Hygge ist einer der Hauptbestandteile der dänischen Tradition. Allerdings muss man der Ehrlichkeit halber sagen, dass es nicht nur eine Tradition der Dänen ist und dort gelebt wird, sondern auch von den restlichen skandinavischen Ländern.

Der Ursprung des Wortes „Hygge" kommt auch nicht, wie viele glauben, aus Dänemark, sondern aus Norwegen. Das Wort Hygge leitet sich vom Altnordischen hyggja (Gedanke, Sinn) ab.

Das Wort „Hygge" tauchte erstmals gegen Ende des 18. Jahrhunderts in dänischen Aufzeichnungen auf und seither hat sich der Begriff speziell bei den

Dänen fest verankert. Der Begriff, den die dänische Sprache uns geschenkt hat, kommt also über Umwege aus Norwegen.

Der Bezug zur heutigen Welt

Was damals passte, passt auch heute noch. Das trifft in vielen Bereichen zu, finden Sie nicht? Wenn Sie das ganze komplexe Thema sehr theoretisch betrachten, werden Sie feststellen, dass wir heute mehr Freizeit haben, als es noch vor 25 Jahren der Fall war. Und trotzdem erfahren wir keine oder keine ausreichende Erholungsphase. Woran liegt das?

Je hektischer unser Alltag ist, umso größer sind auch unsere Verantwortung und unser Bedürfnis nach Formen des Rückzuges. Kommt Ihnen das bekannt vor?

Studien zeigen, dass den Deutschen im Beruf die Sicherheit am wichtigsten ist. Den Briten ist das Geld sehr wichtig und den Dänen sind nette Kollegen am wichtigsten. Das hängt mit Hygge zusammen. Hygge ist für die Dänen das Wichtigste: im Job, in der Familie, im Sport, überall.

Hygge ist ein Lebensstil und auch ein Ausdruck eines neuen alten Wortes, welches in die Umgangssprache transferiert wurde und das Wohlleben im 21. Jahrhundert widerspiegelt. Hygge ist ein Ausdruck, der sich in eine neue und soziale Form der Geborgenheit begibt. Hygge knüpft an verschiedene, überspitzt könnte man sagen, an alle Lebensbereiche an – das Kommunikationsbedürfnis, das Gehaltenwerden, das Gebundensein und die Geborgenheit. Es geht um die aktive Gestaltung des Lebensumfeldes.

Die Deutschen sind für die „German Gemütlichkeit" bekannt und das Wort Hygge wird hier meistens mit Gemütlichkeit übersetzt. So ganz trifft das, wie Sie bereits wissen, aber nicht zu. In Skandinavien ist Hygge Bestandteil der Lebensphilosophie. Es ist nicht nur eine warme Kuscheldecke vor dem knisternden Kamin. Das Leben in den skandinavischen Ländern ist viel gelassener und stressfreier als in Deutschland.

Beispiel Dänemark:

Die Dänen sind stolz auf ihr Königshaus. Die dänische Flagge wird bei jedem Geburtstag der königlichen Familie gehisst und eine Ansprache der Königin ist ein Highlight (z. B. Neujahr). Das dänische Königshaus tritt sehr volksnah auf und gehört für die Dänen zum Alltag. Völlig anders als in Deutschland. In Deutschland wird kaum die Flagge gehisst (und wenn doch, hat dies manchmal ein kleines „Geschmäckle") noch sind die Deutschen der Bundeskanzlerin sehr nah.

In Dänemark zählt das Fahrrad zu den allerliebsten Transportmitteln. Dänemark ist mit seinem gut ausgebauten Fahrradwegenetz wohl das fahrradfreundlichste Land Europas. Hier gibt es Fahrradwege, die Straßenbreite haben und somit deutlich breiter sind als die Gehwege und es gibt für die Fahrradfahrer ein eigenes Ampelsystem. In Dänemark wird sich sogar in der Hauptstadt Kopenhagen lieber auf das Fahrrad geschwungen als ins Auto gesetzt.

FLAGGE ZEIGEN

Sicherlich ist es Ihnen schon aufgefallen: In den skandinavischen Ländern, insbesondere in Dänemark, hisst man gerne die Flagge, auch Danneborg genannt. Ob nun zur Kaffeetafel, zum Geburtstag oder einfach im Alltag, überall ist die dänische Flagge präsent. Viele Skandinavier haben sogar einen Fahnenmast im Garten und zu jedem Festtag (privat oder auch öffentlich) wird die Flagge gehisst.

FERIENHÄUSER

In Dänemark ist es keine große Sache, ein Ferienhaus zu besitzen, denn fast jeder hat eins, und ist es auch noch so klein. Gerade in der schönen Jahreszeit werden die Ferien, der Urlaub oder auch die Wochenenden im Ferienhaus verbracht. Die vielen Ferienhäuser sind also nicht durch den Tourismus in Dänemark entstanden, sondern tatsächlich ein Teil der Lebensphilosophie.

KINDERFREUNDLICHKEIT

Sicherlich haben Sie schon oft gehört, dass die skandinavischen Länder durchweg als sehr kinderfreundlich gelten. Das ist kein Wunder. Das Betreuungsangebot für die Kinder ist sehr groß und die Arbeitsstellen sehen es als selbstverständlich an, dass man rechtzeitig Feierabend macht, um Zeit für die Familie und die Kinder zu haben.

ESSEN UND BRÄUCHE

Um eine Feierlichkeit zu beenden, gibt es in Dänemark einen ganz wundervollen Brauch. Es ist der „Godnat mad". Möchte der Gastgeber eine Feier beenden, serviert er eine Art „Rausschmeiß-Essen" – „Godnat mad". Somit weiß jeder Gast, dass jetzt die Feierlichkeit beendet ist. Nach dem kleinen Schmaus werden die Jacken angezogen und es wird nach Hause gegangen.

Die Hauptmahlzeit in Dänemark findet üblicherweise abends statt („Middag"). Mittags gibt es das bekannte „Smørrebrød" zur Frokost. Alles ziemlich verwirrend, oder?

An Feiertagen (z. B. Ostern oder Weihnachten) kann die Frokost aber auch eine tagesfüllende „Aufgabe" sein. Hier werden viele Gänge nacheinander aufgetischt: eingelegter Hering, Schweinebraten (*Flæskesteg*), Süßspeisen und viele weitere landestypische Gerichte. Natürlich gehört zu den Fischgängen stets auch ein Glas Aquavit.

DIE GRUNDEINSTELLUNG – VERTRAUEN!

Ist man in den skandinavischen Ländern z. B. im Urlaub unterwegs und die Gegend wird etwas ländlicher, trifft man häufig kleine Verkaufsstände an. Hier werden Obst, Gemüse, selbstgemachte Säfte und Marmeladen sowie Eier angeboten. Die Preise stehen an den Produkten. Häufig steht hier auch noch eine kleine Kiste mit Wechselgeld. Möchte man nun etwas kaufen, legt man das Geld in die Kiste und nimmt sich evtl. noch Wechselgeld heraus. Hier wird noch vertraut. Es wird darauf vertraut, dass die Menschen die Ware bezahlen und nichts geklaut wird. Dass es viele solcher Stände gibt, zeigt, dass dieses System einwandfrei funktioniert und man vertrauen kann.

Ein bisschen zeigt dies die Grundeinstellung und den Unterschied der Deutschen zu den Dänen. Sind die Deutschen doch meist etwas vorsichtiger, zurückhaltender und skeptischer, ist der Däne häufig vertrauensvoll und zeigt sich offen.

FAKTEN

Bereits zum 6. Mal untersuchte der World Happiness Report, wie glücklich die Bewohner der Erde sind und wo die Bewohner besonders glücklich sind. Jahr für Jahr tauchen die skandinavischen Länder ganz oben in der Glücks-Rangliste auf. Dänemark, Norwegen, Finnland und auch Island führen die Spitze an und es scheint so, als wenn sich das Glück der Welt in Nordeuropa zu Hause fühlt.

In dem World Happiness Report wird neben den sozialen Medien auch auf Technologie, Politik, Wirtschaft und auf die Gesellschaft im Allgemeinen eingegangen und es wird berücksichtigt, ob und wie diese Faktoren das Glück beeinflussen. Auch die Selbstwahrnehmung über das empfundene Glück, das Freiheitsgefühl und die Selbstbestimmung der

Menschen in den jeweiligen Ländern spielen bei dem Report eine große Rolle. Ferner spielen auch die Gesundheit und die Versorgung in diesem Zusammenhang sowie das Nettoeinkommen eine Rolle.

Die glücklichsten Länder des World Happiness Reports 2019:

1. Finnland
2. Dänemark
3. Norwegen
4. Island
5. Niederlande
6. Schweiz
7. Schweden
8. Neuseeland
9. Kanada
...
17. Deutschland
18. Belgien
19. USA

Die skandinavischen Länder profitieren von den konstanten Rahmenbedingungen in der Politik und auch in der Wirtschaft. Bekannt sind diese Länder ebenfalls für ihr hohes Bildungsniveau und für die vorbildliche Work-Life-Balance.

Dänemark in Zahlen – Hygge-Fakten

- Dänemark belegte den ersten Platz beim UN-Glücksreport 2016, 2013 und 2012, beim OECD-Better-Life-Index 2015 sowie beim European Social Survey 2014 und 2012.
- Dänemark ist in Europa das sozial ausgeglichenste Land. Nicht zuletzt kann man dies auch an den Gehältern festmachen: ein Müllmann verdient beispielsweise ca. 34 400 Kronen (ca. 4500 Euro) und ein Anwalt im Durchschnitt 54 700 Kronen (ca. 7200 Euro) pro Monat.
- Die Arbeitslosenquote liegt bei rund 6 Prozent.
- 8,2 Kilogramm Süßigkeiten verzehren Dänen pro Kopf im Jahr. Der europäische Durchschnitt beträgt 4,1 Kilogramm.
- 28 Prozent der Dänen zünden täglich Kerzen an. Mit jährlich 6 Kilogramm pro Kopf verbrauchen die Dänen europaweit am meisten Kerzenwachs.

STRUKTUREN HEUTE

Die heutige Welt wirkt oberflächlich betrachtet häufig in vielen Bereichen hektisch, kalt und wenig empathisch. Persönliche Gespräche, das „SICH-ZEIT-NEHMEN" für sich und auch für andere bleibt gefühlt häufig auf der Strecke.

Geplant, strukturiert und erfolgsorientiert wird der Tag, die Woche, der Monat, das Jahr und vielleicht sogar das gesamte Leben geplant. Klappt etwas nicht, kommt ein Gefühl des „aus der Bahn geworfen" auf.

In der heutigen Welt gibt es viele Faktoren, die stressen, die uns aus unserem Gleichgewicht bringen, die uns verunsichern oder negativ beeinflussen. Die Anforderungen und die hohen Erwartungen von und an uns üben einen gewaltigen Leistungsdruck aus. Auch Bedrohungen durch Terror oder Umweltkatastrophen spielen eine Rolle.

Die Familienstrukturen von damals sind heute selten geworden, das führt zu emotionaler Verunsicherung und auch zu Vereinsamung. Eine Partnerschaft, die von der Jugend bis ins hohe Alter reicht, ist heute eine Ausnahme. Scheidungen und Trennungen prägen leider viele Kindheitserinnerungen.

Es strömen viele Reize auf uns ein, z. B. in Gestalt von permanenter Musikberieselung in Geschäften, ständiger Erreichbarkeit durch das Smartphone, höherem Verkehrsaufkommen, vielen Fernsehprogrammen und dann noch Werbeunterbrechungen und das Internet mit seinen vielfältigen Möglichkeiten.

Menschen sind so unterschiedlich und gehen auch so unterschiedlich mit den Reizen und den Beeinflussungen um, dass man es nicht einmal eben in einem Satz erklären kann.

Schon die Zeit im Bauch der Mutter spielt eine Rolle für unsere spätere Gefühlswelt. Nur durch das Gefühl der Geborgenheit in den ersten Lebensjahren wird ein gesundes Selbstvertrauen entwickelt. Fehlende Geborgenheit lässt Ängste wachsen. Selbst wenn nun die Kindheit nicht voller Geborgenheit erfüllt war, ist die Erkenntnis, dass sie fehlte, sehr viel wert. Denn nur wenn Sie wissen, was Ihnen gefehlt hat oder fehlt, können Sie auch handeln, aktiv werden und es nicht nur geschehen lassen. Überlegen Sie sich genau und nur für sich allein, ob Ihnen das Gefühl der Geborgenheit schon in so machen Lebenssituationen abhandengekommen ist und lassen

Sie diese Gedanken zu. Nur so können Sie aktiv werden und diese Situationen verarbeiten und das Gefühl gezielt abbauen.

Im Grunde sehnt sich jeder Mensch, ob jung oder alt, nach dem Gleichen. Wir sehnen uns nach der Geborgenheit, der Sicherheit und benötigen das Urvertrauen, das wir bei der Zugfahrt durch unser Leben an einer Haltestelle sagen wir einfach ausgestiegen ist oder wurde. Wir brauchen Gewissheit, Halt- und Rückhalt und auch Unterstützung. Wir benötigen einen Raum für Entspannung und das Wohlfühlen.

Wir brauchen Zeit für die Familie, für Freunde und – nicht zu vergessen – für uns selbst. Diese Zeit ist ein kostbares Gut. Und dieses kostbare Gut ist wertvoller als jeder materielle Besitz. Die zwischenmenschlichen Beziehungen haben in der heutigen Zeit immer weniger Tiefgang, da einfach die Zeit und die Ruhe fehlen.

Neben der fehlenden Zeit spielt aber auch die Anerkennung und die Liebe und die Zuneigung eine wichtige Rolle.

Der Anspruch an uns selbst, Mustern entsprechen zu wollen und einen gewünschten Selbstwert zu spüren, ist sehr hoch – einen gewünschten

Selbstwert zu spüren, um das Bedürfnis zu stillen, wertgeschätzt zu werden. Der Wunsch, Wertschätzung zu erleben und die Angst, die Wertschätzung wieder zu verlieren, sitzen sehr tief. Schnell entschwindet man in einer Spirale. Warum müssen wir bestimmten Mustern entsprechen?

Ein jeder strebt nach den Grundbedürfnissen:

- Anerkennung
- Liebe
- Geborgenheit
- Sicherheit
- Vollkommenheit.

Es ist ein tiefer Wunsch nach RUHE. Wichtig ist, zu wissen, dass wir diese Grundbedürfnisse nie dauerhaft durch eigenes Bemühen erfahren werden.

HYGGE IST HEIMAT

Um Ruhe zu erfahren, brauchen wir also einen Ort, an dem wir uns ohne Konkurrenzdruck in einem völlig angstfreien Raum aufhalten können, wo wir uns weder verteidigen noch behaupten müssen und einfach so genommen werden, wie wir sind. Das klingt schon einmal sehr gut.

Die Hygge-Heimat darf jeder für sich selbst definieren.

In der hektischen und schnelllebigen Zeit sollte es eine Hygge-Heimat geben, in der wir uns zurückziehen können und die Dinge, die uns nicht guttun, keine Chance haben, einzudringen.

Wichtig ist, dass Sie erkennen, was nicht in die Hygge-Heimat gehört. Nicht in Ihre Hygge-Heimat gehören all die Sachen, die Ihnen nicht guttun. Nicht in Ihre Hygge-Heimat gehören z. B. Ihre ganz persönlichen Alltagstreiber. Was sind Ihre Alltagstreiber?

Alltagstreiber können sein:

• Das Selbstwertgefühl stetig verbessern wollen. Besser sein als andere.

• Stets auf dem neuesten Stand sein – Wissen bedeutet Vorsprung.

• Erfolgreich sein für noch mehr Anerkennung und Wohlstand.

• Handeln mit dem Hintergedanken, was andere wohl denken.

Das kleine Hygge ABC

Atmosphäre

Für eine gute Atmosphäre ist das gedämpfte Licht ein ausgezeichneter Anfang, bevorzugt Kerzenlicht. Damit wird es so richtig schön hyggelig. Leise Musik, die eine schöne Atmosphäre im Raum schafft. Ein schöner Duft, den Sie besonders gerne mögen.

Bewusstsein

Erleben Sie bewusst Situationen, in denen Sie sich wohlfühlen. Nur wer bewusst lebt, kann schöne Momente festhalten und unschöne Momente als Erfahrung abspeichern. Bewusst die schönen Dinge im Leben wahrnehmen: das Gezwitscher der Vögel am Frühlingsmorgen, der Sonnenuntergang mit seinen vielen warmen Farben am Abend oder die ruhige Nacht mit sternklarem Himmel. Sicherlich haben Sie alles schon einmal gesehen, aber auch wirklich bewusst wahrgenommen?

Chance
Ergreifen Sie jeden Tag als eine neue Chance. Nur Sie können sich Ihr Leben und Ihr Umfeld so einrichten, wie Sie es benötigen, um es wirklich hyggelig zu empfinden.

Dankbarkeit
Denken Sie darüber nach, wofür Sie alles dankbar sind. Natürlich können Sie nun dankbar für Ihre neue Armbanduhr sein, die sie sich vielleicht hart erarbeitet und geleistet haben, aber das ist hier eher nicht gemeint. Es geht nicht um die materiellen Dinge. Seien Sie für Dinge dankbar, die Sie in Ihrem Alltag häufig bereits als völlig normal angesehen haben. Ihr Partner kocht Ihnen jeden Morgen einen Kaffee oder die Katze umschweift Ihre Beine jeden Tag aufs Neue. Seien Sie ehrlich und ganz offen zu sich selbst und sind Sie dankbar und achtsam!

Empathie

Was verstehen Sie unter Empathie? Die einen verstehen unter diesem Begriff das Einfühlungsvermögen und die soziale Kompetenz, für die anderen ist es die Fähigkeit, sich in andere hineinzuversetzen. Machen Sie sich doch kurz Gedanken über die Frage, was Sie selbst unter Empathie verstehen. Versuchen Sie, andere zu verstehen, deren Meinung und deren Handeln.

Freunde

Ganz wichtig, aber das wissen Sie sicherlich: Menschen um sich zu haben, denen man sich anvertrauen kann. Freunde sind Menschen, die es gut mit einem meinen und mit denen man es sich gerne hyggelig macht.

Glücksgefühl

So schön, Sie kennen es. Halten Sie es fest und versuchen Sie, viel häufiger glücklich zu sein. Sehen Sie die positiven Seiten im Leben. Lassen Sie das Gefühl zu.

Harmonie

Ganz wichtig, um es sich hyggelig zu machen: Versuchen Sie, Harmonie zu schaffen. Nicht nur mit anderen harmonisch zusammen sein, sondern auch mit sich selbst in Harmonie leben – das ist hyggelig.

Ideen

Lassen Sie Ihren Ideen für mehr Wohlbefinden freien Lauf. Bei welchen Gedanken wird Ihnen warm ums Herz? Was können Sie tun? Sie haben keine Idee? Macht nichts, in diesem Buch finden Sie viele Vorschläge und Sie werden sicherlich fündig.

Ja

Einfach mal JA sagen! Nicht nur das Negative sehen. Den Moment bejahen. Entscheidungen treffen und bejahen. Aufhören zu hadern. Einfach JA!

Komfort

Schaffen Sie sich Ihre eigene Komfortzone, in der Sie sich entspannen können. Umgeben Sie sich mit Menschen, mit denen Sie Ihre Komfortzone teilen mögen.

Langanhaltend

In der heutigen Zeit leben wir in einer Wegwerfgesellschaft. Achten Sie einmal darauf, dass Sie sich Dinge anschaffen, die Sie behalten möchten. Achten Sie auf die Langlebigkeit und die Wertigkeit und nicht nur z. B. auf die Optik oder den Trend. Auch langanhaltende Freundschaften sind meist von viel Hygge-Zeit geprägt. Bewahren Sie sich diese.

Mut

Seien Sie mutig.

Neues

Seien Sie auf Neues gespannt und lassen Sie es zu. Probiere Sie Neues aus.

Offen

Seien Sie offen für Neues ohne Vorurteile.

Perspektive

Sehr wichtig: Langfristig sollten Sie eine Perspektive haben. Halten Sie langfristig Ihr Ziel vor Augen. Mehr Hyggeligkeit.

Qualität

Weniger ist mehr. Achten Sie auf die Qualität Ihrer Auszeit.

Rast

Nicht rasen – rasten – vielleicht Ihr neues Motto? Machen Sie einmal Rast vom stressigen oder auch rastlosen Alltag.

Schutz

In Ihrer Hygge-Welt genießen Sie den Schutz. Keine Zeiträuber, keine Missgunst, keine Neider, einfach nur Hygge. Ihre „Hygge-Umgebung" oder auch „-Community" gibt Ihnen Schutz und Sicherheit.

Tiefgang

Die Welt ist schnell und laut. Für gute Gespräche mit Tiefgang bleibt keine Zeit oder bietet sich nicht die Plattform. Denken Sie in Ihrer Hygge-Zeit einmal an den Tiefgang Ihrer Gespräche, Ihrer Beziehungen nach. Sie werden feststellen, dass hier sicherlich noch Potenzial vorhanden ist.

Umgang

Hygge hin, Hygge her. Der Umgang mit den Mitmenschen ist wichtig, der richtige Umgang mit den Mitmenschen ist noch viel wichtiger. Bleiben Sie fair und seien Sie ehrlich zu Ihren Mitmenschen und zu sich selbst, das ist ein schöner Weg, um auch im Alltag etwas hyggelig zu sein.

Vertrauen

Das Thema Vertrauen ist für Hygge sehr wichtig. Umgeben Sie sich mit Menschen in Ihrer Hygge-Zeit, denen Sie vertrauen und denen Sie Ihr Vertrauen schenken möchten. Vergessen Sie aber auch hier wieder nicht sich selbst – ganz wichtig! Vertrauen Sie sich selbst.

Wohlfühlen

Schaffen Sie sich einen Hygge-Platz, einen Platz, an dem Sie sich gut aufgehoben fühlen, einen Platz, an dem Sie sich wohlfühlen, der Ihnen Geborgenheit gibt und an dem Sie sich wirklich entspannen können.

X-Mal

Nicht in die Vergangenheit gucken. Sie leben im Hier und Jetzt. Auf ein Neues! Auch wenn Sie denken, das habe ich schon so oft probiert.

Yin Yang

Wer kennt es nicht, die beiden Zeichen. Sie stehen für entgegengesetzte und dennoch aufeinander bezogene Kräfte und Prinzipien. Ausgeglichenheit, danach sollten Sie streben.

Zusammenhalt

Arbeiten Sie an den Verbindungen zu Menschen. Bauen Sie sich Ihr eigenes kleines Netzwerk auf.

Die eigene Definition finden

Hygge ist ein Gefühl. Somit müssen Sie eine ganz eigene Definition Ihres Hygge finden. Das ist die erste Aufgabe, die gemeistert werden möchte. Aller Anfang ist schwer. So vielleicht auch hier. Aber Sie werden schnell merken, es ist leichter, als man denkt, wenn man sich erst einmal vom eigenen Leistungsdruck und der Erwartungshaltung an sich selbst lösen kann.

Gerne können Sie die nachstehenden Anregungen durchlesen und bereits für sich beantworten, ob diese Beispiele in Ihnen ein Gefühl des Hygge veranlassen.

-mit dem Partner zu kuscheln
- gemütlich auf dem Sofa oder Sessel zu sitzen und Ihr Lieblingsbuch zu lesen oder Fotoalben anzuschauen
-ein Stofftier oder ein echtes Tier im Arm zu haben
-bei Kerzenlicht Ihre Lieblingsmusik zu hören
-ein warmes Bad zu nehmen
-mit der Wärmflasche ins Bett zu gehen
-Tee oder heiße Schokolade zu trinken
-sich vom Partner oder einer Freundin massieren zu lassen
-in der Natur spazieren zu gehen
-einer anderen Person etwas anzuvertrauen
-ein bestimmter Duft, der Erinnerungen oder Wohlbefinden in Ihnen auslöst

Hygge ist ein Gefühl, welches im Zustand der Ruhe, in einem ruhigen Umfeld oder auch bei ruhiger Aktivität aufkommt. Deshalb stellt es sich auch z. B. beim Yoga oder Meditieren in der Natur ein.

Schalten Sie also einen Gang herunter, es lohnt sich!

Nehmen Sie sich Zeit und hören Sie in sich hinein. Können Sie sich in die Situationen der Beispiele hineinversetzen? Spüren Sie beim Lesen der Beispiele und beim Vorstellen der Situation das wohlige Gefühl? Oder passen die Beispiele eher nicht zu „Ihrem Wohlfühlen". Was verschafft Ihnen ein Hygge-Gefühl?

In diesem Abschnitt des Buches geht es nicht darum, das Rad neu zu erfinden. Es ist völlig in Ordnung, wenn Ihnen die vorgenannten Beispiele ausreichen, vielleicht haben Sie aber auch eigene Ideen.

Schreiben Sie einfach in die nachstehenden Zeilen Situationen auf, die in Ihnen Hygge auslösen. Definieren Sie hier IHRE persönlichen Hygge-Situationen. Häufig sind es auch Erinnerungen, die weit zurück in unsere Kindheit reichen, die in uns ein Hygge auslösen. War es vielleicht der Milchreis, der jeden Sonntag gemeinsam gegessen wurde? Denken Sie an Situationen, an die Sie sich gerne erinnern.

_____

_____

_____

_____

_____

_____

_____

_____

Bei mir löst z. B. die folgende Kindheitserinnerung Hygge aus:

Wenn ich früher bei meinen Großeltern am Wochenende übernachtet habe, hat mir meine Großmutter Samstagabends zur Fernsehzeit einen kleinen bunten Teller mit Süßigkeiten zusammengestellt. Mein Großvater hat mich in die Kuschel-Sofa-Decke eingewickelt, der Fernseher wurde angemacht und der bunte Süßigkeitenteller wurde neben mich gestellt. Ich fühlte mich geborgen. Es war gefühlt immer hyggelig bei meinen Großeltern.

Sie nehmen täglich die öffentlichen Verkehrsmittel? Kaum zu glauben, dass hier Hygge möglich ist, meinen Sie? Versuchen Sie es doch einmal. Einen leckeren Tee oder Café Latte am Bahnhof gekauft, eine Zeitschrift, die man gerne liest, auf den Zug oder den Bus warten... in den Himmel gucken... Menschen beobachten... ganz im Hier und Jetzt die Situation erleben und genießen. Der Zug oder der Bus kommt an. Steigen Sie ein, wählen Sie einen Sitzplatz am Fenster und beobachten Sie anschließend die vorbeiziehende Landschaft. Wunderschön. Ganz bewusst leben und erleben.

Das Gefühl der Liebe, der Freundschaft, des Genusses, des Geschmacks und des Vertrauens, der Zuneigung und all diese positiven Themen gehören zu diesem Buch.

Was verschafft Ihnen ein Hygge-Gefühl?

TRADITIONEN UND RITUALE

Das mag jetzt vielleicht etwas „altbacken" klingen… ist es vielleicht auch, aber Traditionen oder auch Rituale sind sehr wichtig, für jeden!

Traditionen und Rituale geben Sicherheit und helfen dabei, in Stresssituationen auf dem Boden zu bleiben. Und ein ganz wichtiger Punkt – sie bedeuten Heimat.

Im Alltag durchlaufen viele Menschen ihre Rituale oder Traditionen, ohne es bewusst zu merken. Der Wecker wird ausgestellt, es wird sich aus dem Bett geschwungen, der erste Kaffee wird vorbereitet, das Brot in den Toaster gesteckt, die Zähne geputzt, geduscht etc. Sie kennen das sicherlich. Sollte etwas diese morgendlichen Rituale oder Traditionen stören, kommt schnell Stress auf. Man kommt aus dem Rhythmus.

Traditionen oder Rituale geben Ihnen Ruhe und Sicherheit, sie geben den Ablauf vor und jeder braucht solche Rituale, um das Leben zu strukturieren.

Schon in der Kindheit wird unser Alltag durch Rituale geprägt, zum Beispiel die „Gute Nacht Geschichte" vor dem Einschlafen oder das „Zu-Bett-

Bringen" von den Eltern. Jede Familie lebt ganz eigene Traditionen oder Rituale. Es ist auch nicht wichtig, welche Rituale oder Traditionen gelebt werden, es ist nur wichtig, dass es sie gibt.

Auch im Zusammenleben erleichtern Rituale das Miteinander ungemein.

Was sind Rituale oder Traditionen?

Rituale sind etwas, was Sie regelmäßig wiederholen. Es ist etwas Alltägliches. Es ist ein fast unmerklicher Übergang von Gewohnheiten zu Ritualen oder Traditionen. Es sind gewohnte Abläufe. Unsere Hygge-Heimat ist dort, wo Rituale übereinstimmen oder Rituale gelebt werden, die wir gerne annehmen und auch nachvollziehen können.

Haben Sie feste Rituale bzw. Traditionen, die Sie pflegen? Sehr gut! Bewahren Sie sie, sie sind sehr wichtig.

Sofern Sie noch keine eigenen festen Rituale haben, beobachten Sie sich noch einmal sehr genau im Alltag. Ihnen wird mit Sicherheit das eine oder andere Ritual auffallen. Schön ist es auch, Rituale oder Traditionen bewusst zu schaffen. Das bringt Sie auf dem Weg zur Hyggeligkeit ein großes Stück weiter.

Ein sehr gutes Beispiel ist auch das Weihnachtsfest. In vielen Familien wird das Weihnachtsfest mit Ritualen verbracht. Ob es nun der Kauf des Weihnachtsbaums ist oder auch das Schmücken des Weihnachtsbaums, die Vorbereitungen laufen meistens gemeinsam in der Familie. Das Schmücken, das Kochen, alles herrichten, um es richtig schön gemütlich, feierlich und hyggelig an Weihnachten zu haben. Es sollen sich alle warm und geborgen fühlen. Weihnachten ist ein Ausdruck der Gemeinschaft.

Besonders für Kinder ist das eine sehr aufregende Zeit. Die Vorfreude, das Zusammensein an den Adventssonntagen mit Kerzenschein, das Öffnen der Türchen des Adventskalenders. All das genießen die Kinder und speichern es fest ab für ihr späteres Leben.

Kinder benötigen feste Rituale, sie erleichtern ihnen das Hereinwachsen in die Gesellschaft, stärken den Zusammenhalt und machen Veränderungen viel leichter.

WARUM

Haben Sie sich nun die Frage gestellt, warum wir Hygge brauchen?

Wenn Sie zu den glücklichen Menschen gehören, die Hygge mehr oder weniger bewusst betreiben – herzlichen Glückwunsch. Vielleicht können Sie trotzdem noch ein paar Tipps mitnehmen.

Für alle anderen, die sich mehr Hygge in ihrem Leben wünschen und all die Gefühle, die mit diesem Thema in Verbindung stehen, vermissen, bekommen durch dieses Buch Ideen an die Hand.

Hygge ist ein Lebensstil, das haben Sie sicherlich schon erkannt. Hygge bietet uns den Raum, uns vom Alltag nicht in die Negativität reinziehen zu lassen. Hygge ist ein Ort für unser Glücklichsein, für unser Wohlbefinden, für unsere Entspannung, für unser Vertrauen und für alles, was Sie brauchen, um sich wohlzufühlen.

ZIELSETZUNG

Die Zielsetzung sollte sein, sich darüber bewusst zu werden, was Hygge ist, und ganz genau zu überlegen, welcher Weg zum eigenen Hygge führt. Um Ihnen den Weg zum eigenen Ziel etwas leichter zu machen, finden Sie nachstehend eine kleine Übung für mehr Bewusstsein hinsichtlich des Themas Hygge:

Stellen Sie sich vor, Sie haben Zeit. Das ist an sich sicherlich schon einmal ungewöhnlich für den einen oder anderen, aber gut. Sie haben Zeit und befinden sich in einem Raum. Dieser Raum ist weiß gestrichen, der Boden ist aus grauem Beton. Der Raum hat ein Fenster mit Blick auf Wiesen und Felder. Nun möchten Sie sich diesen Raum für sich und auch für Ihre Freunde hygge machen. Suchen Sie sich eine Wandfarbe oder Tapete aus, suchen Sie sich einen Bodenbelag aus und stellen Sie sich die verschiedensten Einrichtungsgegenstände vor.

Gerne können Sie sich auch ein leeres Blatt Papier nehmen und anfangen, Ihre Vorstellungen aufzuzeichnen.

Welche warmen Farbtöne sagen Ihnen zu? Mögen Sie einen Teppichboden oder lieber einen rustikalen Holzfußboden? Wählen Sie einen großen Tisch mit vielen bequemen Stühlen oder lieber ein gemütliches großes Sofa mit vielen bunten Kissen? Lassen Sie Ihrer Fantasie freien Lauf und richten Sie sich den Raum so ein, wie es für Sie am hyggeligsten ist.

Sie sollen sich so richtig wohlfühlen. Der Raum sollte eine – IHRE – Wärme oder persönliche Note ausstrahlen, einladend erscheinen. Vielleicht mögen Sie auch die Wärme und den Geruch eines Kamins? Hinein in den Raum. Sie mögen Blumen am Fenster? Stellen Sie sich Ihre Traumblumen am Fenster vor. Sie lieben es, barfuß auf flauschigen Teppichen die Zehen zu vergraben? Her mit dem Flauschteppich. Sie mögen Bücher? Hinein in den Raum mit einem schönen Bücherregal voller interessanter Bücher. Sie mögen gerne Bilder? Hinein in den Raum, hängen Sie Bilder in der Nähe der Tür auf, so dass man sie beim Betreten oder Verlassen des Raums häufig sieht. Sie mögen Tiere? Stellen Sie sich eine Katze auf dem Sessel vor oder auch den Hund, wie er vor dem Kamin liegt. Sie mögen gerne Musik? Stellen Sie sich vor, wie gemütlich es ist, wenn der Raum durch sanfte Klänge erfüllt wird. Stellen Sie sich vor, wie das Vogelgezwitscher durch das Fenster in den Raum kommt...

Lassen Sie Ihren Gedanken freien Lauf, ohne darauf zu achten, ob es farblich oder optisch gerade passt oder der Stil zu Ihnen, Ihrem Leben oder zu den restlichen Möbeln passt.

Sie haben den Raum hyggelig eingerichtet? Fühlen sich gut und wohl? Wie wäre es mit ein paar Freunden oder guten Bekannten? Ein schöner Abend unter netten Leuten? Ein hyggeliges Beisammensein? Laden Sie ein und genießen Sie die Gedanken, wie ein Freund oder Familienmitglied nach dem anderen durch die Tür kommt und es sich in Ihrem Hygge-Zimmer gemütlich macht.

PLANUNG DER UMSETZUNG

Um sich mental auf Hygge einzustellen, haben Sie bereits sehr viel gelesen. Nun geht es darum, Hygge umzusetzen, und zwar nicht nur im Kopf. Am Ende dieses kleinen Ratgebers finden Sie 12 Ideen oder auch Aufgaben, wie auch immer Sie es nennen möchten. Die 12 Aufgaben/Ideen sind auch auf heraustrennbaren Kärtchen gedruckt. Ich finde den Ausdruck Gedankenkärtchen schön.

So können Sie sich die aktuelle Aufgabe oder Idee stets vor Augen halten, z. B. am Garderobenspiegel befestigen oder auch ins Portemonnaie legen. Sie werden merken, dass so manches Gedankenkärtchen etwas braucht und man darüber nachdenken muss, wie man es auf sich münzt oder auch für sich umsetzen kann. Fühlen Sie sich auf keinen Fall unter Druck gesetzt. Es ist ein Prozess, der durchlaufen wird und der – ganz wichtig – ohne Druck durchlebt werden sollte. Manche Gedankenkärtchen sind gefühlt sehr einfach umgesetzt, andere Gedankenkärtchen brauchen eine längere Überlegungsphase, um umgesetzt werden zu können.

ZEITPUNKT

Mit Ihrer Hygge-Zeit können Sie nicht früh genug anfangen, aber es ist auch nie zu spät dafür!

Wie? Jetzt schon? Werden Sie sich fragen. Genau – JETZT! Es gibt keinen falschen Zeitpunkt, um Hygge zu leben. Fangen Sie an!

Sie haben nichts zu verlieren, sondern nur zu gewinnen. Warum also warten? Sie sind bestens vorbereitet.

Aktiv ein „Hyggeli" werden

ANLEITUNG, TIPPS, GEDANKENKÄRTCHEN

Dankbarkeit erlernen

Die Dankbarkeit zu erlernen, ist möglich. Aber warum sollten Sie auf dem Weg zu Hygge auch noch die Dankbarkeit erlernen? Die Zufriedenheit hat eine enge Verwandte, das ist die Dankbarkeit. Und das ist der Grund, warum es sich lohnt, dankbar zu sein.

Eine klassische Technik und eine immer mehr in Mode kommende Übung heißt "Counting Blessings". Bei dieser Übung schreiben Sie sich jeden Abend z. B. 7 Dinge (Sie dürfen sich die Anzahl selbst aussuchen) auf, für die Sie dankbar sind.

Diese Methode ist auch unglaublich schön als Einschlafritual zu nutzen. Während Sie sich Ihre 7 Dinge überlegen, für die Sie dankbar sind, sind Sie vielleicht schon bei der 5. Dankbarkeit eingeschlafen. Das ist völlig in Ordnung.

So können Sie sich jeden Abend vor dem Einschlafen bewusst machen, was wieder für gute Dinge passiert sind. Denn das Glücklich-Sein kann man üben.

GEDANKENKÄRTCHEN

Nachstehend finden Sie nun 12 Themen, die es für Hygge zu überdenken oder auch zu bearbeiten gibt. Zu jedem Thema finden Sie ein paar Anmerkungen, die Sie zum Nachdenken anregen sollen. Es sind nur Vorschläge, vielleicht haben Sie ganz eigene, treffendere Ideen und wissen bereits, wo es vielleicht etwas hyggeliger bei Ihnen werden könnte.

Die Gedankenkärtchen finden Sie am Ende des Buches zum Ausschneiden. Auf der Rückseite eines jedes Kärtchens können Sie sich auch eigene Notizen oder Anmerkungen schreiben.

Wie bereits erwähnt sind es genau 12 Themen bzw. Ideen. Für jeden Monat im Jahr ein Thema, über das Sie sich Gedanken machen können. Ein Monat für eine Karte bzw. ein Thema ist nur ein Vorschlag, Sie können sich natürlich so viel Zeit nehmen, wie Sie mögen. Denkbar wären auch 2 Monate je Thema oder auch 1 Woche je Thema. Ganz wie Sie mögen und es schaffen, sich mit dem Thema zu beschäftigen und es sich „hyggelig" zu machen und Hygge zu werden.

KARTE ESSEN

Es ist egal, ob Sie die normale Hausmannskost mögen, ein Veganer, ein Vegetarier oder auch laktoseintolerant sind. Wichtig für Hygge und auch richtig ist, dass es schmeckt. Das ist das A und O.

Zelebrieren Sie das Essen in Ihrer Hygge-Zeit. Hier muss nicht ein 5-Sterne-Dinner aufgefahren werden oder der Hummer im Topf kochen.

Überlegen Sie sich ganz in Ruhe, was Sie gerne essen und was Ihnen guttut.

Hygge ist z. B. ein Kochabend mit Freunden mit einem guten Glas Wein und im Anschluss daran das gemeinsame Essen. Hygge kann auch das Backen von Plätzchen in der Vorweihnachtszeit mit den Kindern, der Familie oder den Freunden sein. Hygge kann die Vorbereitung zu einem schönen Abend zu zweit sein, an dem man die Lieblingsspeise seines oder seiner Liebsten vorbereitet. Hygge kann auch ganz für uns allein das Zubereiten eines leckeren Salats mit gebratenen Shrimps und einem leckeren Kräuterbaguette sein.

Wichtig ist nur, dass es uns und unserer Seele guttut. Und Sie brauchen eben einmal nicht an Fett oder Kalorien zu denken. Es soll schmecken!

HYGGE REZEPTE

Nachstehend ein paar Hygge-Rezept-Ideen:

Selbstgemachter Kakao
Eine Wohltat für die Seele und für das Hygge-Feeling

Wussten Sie, dass der klassische Kakao lediglich aus Milch, Kakao und Zucker besteht? Warum also nicht auf Instantpulver verzichten und einen heißen Kakao komplett selbst kochen?

<u>Zutaten für 1 Tasse:</u>
- 250 ml heißes Wasser **oder** Milch
- 1 gehäufter Teelöffel Kakaopulver (schwach entölt)
- 1 winzige Prise Salz
Optional: 1 Prise Zimt oder Vanille

<u>Zubereitung:</u>
Das Wasser/die Milch (je nach Belieben) zum Kochen bringen, Wasser/Milch in eine Tasse gießen, Kakaopulver und Salz hinzugeben und gut verrühren. Wer die Abwechslung mag, gibt hin und wieder eine Prise Zimt hinzu oder Vanille. Kakao oder auch

Trinkschokolade sollte nicht aus einem billigen Pulver, sondern wenigstens zu 50 % aus einer sehr guten, geschmolzenen Schokolade bestehen.

Probieren Sie es aus, lassen Sie es sich schmecken.

Apfel-Zimt-Rollen

Schnell und einfach, auch wenn sich spontan Besuch ankündigt

<u>Zutaten für ca. 12 Röllchen:</u>

Hefe (frische oder 1 Tüte Hefe)

100 ml Milch

250 g Mehl (hier kann man einmal etwas herumprobieren und auch z. B. Dinkelmehl verwenden)

140 g Butter

80g Rohrzucker (wer keinen Rohrzucker zu Hause hat: Es kann auch der normale Haushaltszucker verwendet werden)

1 Prise Salz

1 TL Kardamom, gemahlen (oder auch Muskatnuss, wer den Geschmack mag)

3 Eier

1 EL Zimt

50 ml Apfelmus

<u>Zubereitung:</u>

1. Frische Hefe in lauwarmer Milch auflösen oder auch eine Tüte Hefe in lauwarmem Wasser auflösen, Mehl, 90 g Butter, 30 g Rohrzucker, Salz, Kardamom

und 2 Eier zugeben und verkneten. Danach 2 Stunden an einem warmen Ort gehen lassen. Der Teig sollte sich gut von der Schüssel lösen lassen und weich sein. Eventuell noch etwas Mehl hinzugeben.

2. In der Zwischenzeit die Zimtfüllung vorbereiten. Zimt, 50 g Butter, 50 g Rohrzucker und Apfelkompott vermischen und draußen stehen lassen, damit sie nicht fest wird. Den Teig ½ cm dick ausrollen und mit der Zimtfüllung bestreichen. Anschließend zu einer langen Rolle formen und in 12 Stücke schneiden.

3. Stücke auf ein Backblech mit Backpapier legen, leicht andrücken und für eine Stunde gehen lassen. Mit einem Backpinsel die Stücke mit einem verquirlten Ei bestreichen und danach für 15 bis 25 Minuten (200° C Ober-/ Unterhitze) im Ofen backen.

Sollten Sie keine Zeit für den Hefeteig haben, können Sie natürlich auch bereits fertigen Hefeteig aus dem Frischeregal kaufen. Dann geht es noch schneller.

Bratäpfel im Nussröckchen
Der Klassiker einmal anders

Zutaten für 4 Portionen:

4 Äpfel, ca. 150 g je Apfel (z. B. Boskop)

60 g Butter

60 g Zucker

40 g gemahlene Nüsse

1 TL Zimt – evtl. 2 Zimtstangen

evtl. Vanille-, Karamell- oder auch Walnusseis

Zubereitung:

1. Die Äpfel schälen und aus der Mitte das Kerngehäuse ausstechen (hier gibt es extra Kernausstecher, es geht mit etwas Geduld aber auch ohne). Die Butter in einer Pfanne zerlassen und die Äpfel mehrmals darin wenden.

2. Den Zucker mit den gemahlenen Nüssen und dem Zimt mischen und die Äpfel in der Mischung wenden, bis sie vollständig damit bedeckt sind.

3. Die Äpfel in eine Auflaufform setzen.

4. Die übrige Nussmischung zur übrig gebliebenen Butter geben und verrühren. Die nun entstandene Masse in die Löcher in der Mitte der Äpfel verteilen.

Je ½ bis ganze Zimtstange einstecken und bei 180° C etwa 45-50 Minuten garen, bis eine schöne goldige Kruste entstanden ist. Am besten schmecken die heißen Bratäpfel mit Vanille-, Walnuss- oder auch Karamelleis. Vorsicht!! Sehr heiß!!

5. Der in der Auflaufform entstandene Sud kann über das Eis gegeben werden.

Gebackene Rotkohlsteaks mit Ziegenkäse
Einfach einmal etwas anderes

Zutaten für 4 Portionen

300 g Rotkohl

120 g Ziegenkäse

2 Knoblauchzehen

2 EL Olivenöl

1 Zitrone (Saft davon)

1 EL Ahornsirup / Agavendicksaft

2 EL Schinkenwürfel

Koriander zum Servieren, Salz und Pfeffer

Zubereitung:

1. Backofen auf 160° C vorheizen. Rotkohl in daumendicke Scheiben schneiden.

2. Das Olivenöl in eine kleine Schüssel geben. Knoblauch schälen und fein hacken. Zitronensaft und Knoblauch zugeben und umrühren. Nach Geschmack mit Salz und Pfeffer abschmecken.

3. Rotkohlscheiben auf ein mit Backpapier ausgelegtes Backblech legen und mit dem Knoblauch-Öl-Mix bestreichen.

4. Nun bei 160° C für gute 20 Minuten backen

(kommt etwas auf den Backofen an). Aus dem Ofen nehmen und Ziegenkäse auf den Rotkohlsteaks verteilen. Ahornsirup oder Agavendicksaft darüber träufeln und weitere 5 Minuten backen, bis der Ziegenkäse eine leicht bräunliche Farbe bekommt.

5. In der Zeit, in denen die Rotkohlsteaks fertig backen, die Schinkenwürfel knusprig braten. Koriander grob hacken. Rotkohlsteaks mit Schinkenwürfeln und Koriander servieren.

6. Lassen Sie es sich schmecken. Sehr gut passt hier ein Baguette mit frischer Salzbutter oder auch selbstgemachter Kräuterbutter dazu.

Ofenkäse – aber bitte selbstgemacht
Wer kennt ihn nicht aus dem Kühlregal? Den leckeren Ofenkäse.

Einen leckeren Ofenkäse müssen Sie ab jetzt aber nicht mehr fertig kaufen. Sie können Ihren Ofenkäse ganz einfach selbst machen und dabei auch noch die geschmacklichen Vorlieben berücksichtigen. Einzig der Camembert steht bei der Zutatenliste fest. Für den Rest sind Ihr ganz persönlicher Geschmack und Ihre Ideen gefragt.

Nachstehend also die Zutatenliste, die eher als Beispiel und nicht als fester Einkaufsplan gedacht ist:

Zutaten für 1 Person:

- 1 Camembert 30 % Fett i. Tr. (125 g)
- Frühlingszwiebel
- Frische Kräuter
- Frischer Knoblauch

Dazu:

- Frisches Baguette
- evtl. Salat (z. B. Blattsalat und Salatgurke)

Zubereitung:

1. Zunächst heizen Sie den Backofen auf 180-200° C (je nach Backofen) vor. Packen Sie den Camembert aus dem Papier und legen Sie ihn in eine runde Form (z. B. Crème brûlée oder ein anderes feuerfestes Schälchen). Den Camembert stellen Sie nun für ca. 10 Minuten in den Backofen.

2. Nach den 10 Minuten nehmen Sie die Schale aus dem Ofen und ritzen den Käse kreuzweise ein. Die dabei entstehenden kleinen Dreiecke werden mit einem Messer umgeklappt.

3. Und nun ist Ihre Kreativität gefragt. Es darf nach Herzenslust gewürzt werden. Frühlingszwiebeln, frischer Knoblauch, bereits fein gehackt, frische Kräuter und Gewürze nach Belieben.

4. Es gibt unzählige Möglichkeiten, sich den ganz eigenen Ofenkäse zusammenzustellen.

5. Nach der Kreativitätspause außerhalb des Backofens kommt der Käse noch einmal ca. 15 Minuten in den Backofen.

6. In der Zwischenzeit können Sie das Baguette schneiden und evtl. den Salat waschen, putzen etc.

7. Nach 15 Minuten sollte Ihr Ofenkäse fertig sein und Sie können ihn nun zusammen mit dem

Baguette und dem Salat genießen.

8. Es gibt so unglaublich viele Varianten – probieren Sie es doch einmal mit Paprika oder auch mit Schinkenwürfeln, Fetakäse usw. Ihnen fällt bestimmt noch viel mehr ein!

DER Kartoffelsalat
Ein „heikles" Thema

Ein Kartoffelsalatrezept ist mehr als heikel, sicherlich haben Sie schon beim Lesen der Überschrift leicht lächelnd gedacht „Na, nun bin ich aber gespannt, was soll das wohl sein". Denn so gut wie jede Familie hat ihr ganz eigenes Kartoffelsalatrezept und der Kartoffelsalat von Mama schmeckt sowieso immer am besten und ist auch der BESTE KARTOFFELSALAT. Da kann keiner mithalten! Das soll sich natürlich auch nicht ändern.

Kartoffelsalat ist Tradition!

Vielleicht kann ich Sie trotzdem ermuntern, einmal etwas anderes zu probieren. Es ist nicht der Kartoffelsalat nach „Mama´s Rezept", sondern einfach einmal ein anderes Rezept.

Auch die Glaubensfragen, ob nun mit oder ohne Fleischwurst, mit oder ohne Gürkchen oder Apfelstückchen oder Mayonnaise, mit Speck oder Zwiebeln oder Schnittlauch, werden an dieser Stelle nicht geklärt. Das dürfen Sie für sich ganz allein bestimmen und entscheiden. Es geht also nicht um ein paar Zutaten.

Umfragen zu Folge stellt ein Drittel der Familien an Heiligabend Kartoffelsalat mit Würstchen (bitte beachten Sie die Reihenfolge) auf den Tisch. Der Salat an sich ist die Hauptsache an dem Traditionsabend.

Grundsätzlich heißt es: Kartoffelsalat machen kann jeder, nur einen guten nicht unbedingt.

Sie merken sicherlich, auf welche Messerschneide man sich mit so einem Rezept begibt. Daher nehmen Sie die nachstehende Rezeptidee eher als eine Variante, die man einmal nicht an einem traditionsgebundenen Abend wie Weihnachten ausprobieren sollte.

Zutaten für 4 Portionen

1 kg Pellkartoffeln (festkochend)

2 TL Senf (nach Belieben mittelscharf oder scharf)

1 EL Zucker

Gurkenflüssigkeit

Weißweinessig

ca. 100 ml Distelöl oder Sonnenblumenöl

1 leckeren Apfel (leicht säuerlich)

5 große Gewürzgurken

1 große Zwiebel

2 Zehen Knoblauch

½ Bund Frühlingszwiebel(n) oder Schnittlauch

Salz und Pfeffer

Kümmel

Haselnüsse oder auch Studentenfutter

Wichtig!! Die Kartoffeln mit 1 EL Salz und 1 EL Kümmel kochen. Abgießen, abschrecken, etwas abkühlen lassen und lauwarm pellen.

Zubereitung:

1. Senf, Zucker, Gurkenwasser, Essig, Öl, Salz und viel Pfeffer sowie die ganz fein gehackte Zwiebel und eventuell auch den Knoblauch in ein großes verschließbares Glas oder auch in einen Shaker geben und kräftig schütteln. So entsteht eine richtig schöne Marinade.

2. Den Apfel schälen und in kleine Stücke schneiden, die Gurken in Scheiben schneiden oder auch würfeln, ebenso die lauwarmen Pellkartoffeln in Scheiben schneiden.

3. In eine große Schüssel immer abwechselnd

Pellkartoffelscheiben, Gurke und Apfel und jeweils zwischen die Schichten ein paar Löffel von der Vinaigrette und noch etwas Pfeffer und Salz geben.

4. Am Schluss sollte es so sein, dass etwas zu viel Marinade im Salat steht. Der Salat sollte unbedingt mindestens ca. 2-3 Stunden, besser noch über Nacht, durchziehen. Während dieser Zeit wird die Marinade vom Salat völlig aufgenommen und die Kartoffeln schmecken dadurch sehr saftig und werden nicht matschig. **Danach** gut mischen.

5. Kurz vor dem Servieren den Schnittlauch oder die Frühlingszwiebeln in kleine Röllchen schneiden und unter den Salat heben. Jetzt ist auch der richtige Zeitpunkt für die Nüsse bzw. das Studentenfutter.

6. Achtung! Beim Umrühren muss man sehr gut aufpassen. Nicht zu wenig und nicht zu oft, sonst hat man am Ende Kartoffelbrei. Deswegen sollte man schon beim Schneiden der Pellkartoffeln aufpassen: Sind die Scheiben zu dünn, zerfallen sie, sind sie zu dick, wird das Ganze schnell trocken.

KARTE NATUR

Die Natur bewusst genießen, auch das ist Hygge.

Wann haben Sie sich zum letzten Mal Zeit für einen Spaziergang in der Natur gegönnt? Nicht nur für den Körper und die körpereigene Abwehr ist ein Spaziergang in der Natur gut, auch für die Seele. Bei einem richtig schönen Waldspaziergang lässt sich mehr Erholung in kurzer Zeit erfahren, als Sie denken. Sie werden vielleicht während des Spaziergangs über die Ereignisse des Tages nachdenken oder sich Gedanken zu einem anstehenden Projekt machen. Es ist die Chance, vieles aus einem anderen Blickwinkel zu sehen, neue Ideen entstehen zu lassen und alte Muster abzulegen.

Hygge wird es, wenn Sie es schaffen, sich wirklich auf die Natur einzulassen.

Stellen Sie sich vor, es ist frisch, aber sonnig. Sie streifen sich Ihren Daunenmantel über, ziehen sich eine Mütze und Handschuhe an und begeben sich dann bewusst nach draußen. Im Park, Wald oder dort, wo auch immer Sie spazieren gehen möchten, angekommen, spüren Sie die Natur.

Der Boden im Wald ist nachgiebig und nicht ganz eben. Es raschelt, knackt, plätschert und zwitschert. Sie sehen das Sonnenlicht, welches durch die herbstlich verfärbten, rot-braunen Blätter scheint.

Oder Sie hören das raschelnde Laub, durch das Sie gehen. Sie genießen die Umgebung, die Ruhe, lassen alles auf sich wirken. Sie spüren den Wind im Gesicht und fühlen sich gut durch die Bewegung in der Natur an der frischen Luft.

Mit der Nähe zur Grünanlage wächst die Lebenszufriedenheit und zugleich sinkt das Risiko für Diabetes, Schlafstörungen sowie Gelenkerkrankungen. Dies wird gerade in der Wissenschaft erforscht und es gibt bereits erste Ergebnisse, die dafür sprechen, dass diese These zutrifft.

Mit der Bewegung in der Natur sammeln Sie genügend Abwehrkräfte für den langen Winter. Sie können besser einschlafen und durchschlafen, Sie können viel besser entspannen und reduzieren nachgewiesenermaßen sogar noch das Risiko für Herzinfarkte und Schlaganfälle. Bei der Bewegung im Freien werden Glückshormone freigesetzt.

Richtig hyggelig wird es z. B. nach einem Winterspaziergang, sich bei einer heißen Tasse Kakao am Ofen zu wärmen.

Auch der Sommer hält jede Menge „Natur" parat. Gehen Sie mit Freunden schwimmen oder fangen Sie an, zu joggen. Auch das Wandern ist eine gute Möglichkeit, raus aus dem Alltagsstrudel zu kommen. Laden Sie Freunde zu einem gemütlichen Grillabend ein. Vielleicht bringt jeder etwas mit und es wird ein gelungener Abend, zu dem jeder etwas beitragen konnte.

Genießen Sie die lauen Sommerabende eingekuschelt in einer leichten Decke auf dem Balkon mit einem guten Buch und einem gut riechenden Tee oder auch mit einem Glas Wein.

Seien Sie draußen und nehmen Sie bewusst die Natur wahr. Sie werden merken, wie viel Potenzial hier verborgen ist.

Nehmen Sie sich ein Stück Natur mit nach Hause, einen Zweig mit roten Blättern oder Kastanien. Pflücken Sie sich einen kleinen Wildblumenstrauß. Ihren Ideen sind keine Grenzen gesetzt. Sammeln Sie sich Ihre Deko für Ihr Hygge-Zimmer Zuhause.

KARTE KLEIDUNG

Erlaubt ist, was gefällt.

Die Kleidung – gemütlich und lässig ist das Hygge-Motto. Die dänische Mode ist nicht sonderlich bunt und eher minimalistisch. Ein großer dicker Schal und eine gemütliche Strickjacke oder ein Wollpulli, absolut hyggelig. Und das Gute daran ist, Sie müssen sich diese Sachen nicht neu kaufen. In Second-Hand-Läden oder auch auf einem Flohmarkt werden Sie sicherlich das eine oder andere gute Stück finden.

Aber auch für ein neues Kleidungsstück zu sparen oder es sich selbst anzufertigen und sich darauf zu freuen, ist hyggelig. Sie stellen einen Bezug zu diesem Kleidungsstück her. Sie werden sich immer daran erinnern, wenn Sie das gute Stück aus dem Schrank holen.

Falsch machen kann man hier nichts. Was gemütlich ist und gefällt, ist hyggelig.

Überlegen Sie einmal, in welchem Kleidungsstück Sie sich besonders wohlfühlen.

Vielleicht haben Sie auch Lust bekommen, Ihren Kleiderschrank einmal zu durchforsten und die Kleidungsstücke auszusortieren, die Sie so überhaupt nicht (mehr) mögen. Schaffen Sie Platz in Ihrem Kleiderschrank, indem Sie alles aussortieren, was Ihnen nicht passt oder was Sie einfach nicht mehr anziehen möchten.

Fokussieren Sie nicht eine bestimmte Kleidungsgröße, sondern schaffen Sie sich Kleidung an, die sich gut anfühlt. Gönnen Sie sich Kleidung, die Ihnen jetzt gefällt und auch in der richtigen Größe ist. Kaufen Sie keine Kleidung „vorübergehend, bis Sie Ihre Wunschfigur haben". Sie leben jetzt und jetzt ändert sich etwas.

Erlaubt ist, was gefällt und sich gut anfühlt.

Erfinden Sie Ihre ganz eigene Hygge-Mode. Sie werden staunen und sicherlich ein längst vergessenes Teil in Ihrem Kleiderschrank finden.

KARTE ORDNUNG

„In einem aufgeräumten Zimmer ist auch die Seele aufgeräumt" (Ernst Freiherr von Feuchtersleben)

Wir hatten das Thema schon kurz bei der Karte Kleidung angeschnitten. Sortieren Sie einmal aus, fangen Sie bei der schlimmsten Ecke eines Zimmers oder bei der unordentlichsten Schublade an und gehen Sie systematisch vor. Denken Sie daran, Rom wurde auch nicht an einem Tag erbaut. Lassen Sie sich Zeit. Sie schaffen sich nun Ihr Hygge-Zuhause, ganz in Ruhe. Sicherlich wird Ihnen das eine oder andere Erinnerungsstück in die Hände fallen. Nehmen Sie sich Zeit für diese Erinnerungen.

Durch das Ordnung-Schaffen wird es schnell heimelig in Ihren 4 Wänden.

Wieder richtig durchatmen, Kraft tanken und zur Ruhe kommen, ein ballastfreies Wohlfühl-Zuhause, in dem Sie Ihre Seele baumeln lassen können.

Haben Sie sich schon lange nicht mehr um Ihren Papierkram gekümmert? Vielleicht ist das auch ein guter Anfang, um etwas mehr Ordnung zu schaffen. Sich um den Papierkram zu kümmern, was man schon Wochen vor sich herschiebt, gibt einem ein gutes Gefühl.

Räumen Sie auch den obersten Küchenschrank aus, um ihn wieder neu sortiert einzuräumen, weil man in der Hektik des Alltags die Dinge mehr in den Schrank geworfen hat, als sie ordentlich zu platzieren. Plötzlich macht es wieder Spaß, an den Küchenschrank zu gehen.

Sie werden merken, wie gut es tut, sich einmal unnützer Sachen zu entledigen und einfach wieder frischen Wind durch das Zuhause wehen zu lassen.

Schaffen Sie Ordnung in Ihren eigenen 4 Wänden, in Ihrem Auto, in Ihrer Handtasche, in Ihrem ICH… und Sie sind schon ganz nah dran, ein „Hyggeli" zu werden. Denn Sie werden immer zufriedener mit sich selbst und Ihrer Umwelt.

KARTE FREUNDE

Definition:
Freundschaft ist eine Beziehung zwischen Personen, die auf gegenseitigem Vertrauen, Sympathie und Zuneigung basiert.

Wer sind Ihre Freunde?

Wann haben Sie sich zum letzten Mal so richtig Zeit für Freunde genommen?

Hier ist bei dem einen oder anderen sicherlich viel Potenzial. Treffen Sie sich mit Freunden, verbringen Sie einen schönen Abend. Hören Sie zu. Wichtig ist hier auch das Persönliche. Ihr bester Freund bzw. Ihre beste Freundin wohnt in einer anderen Stadt? Nehmen Sie sich für einen Besuch Zeit. FREUNDSCHAFTSZEIT. Denken Sie daran, sich zu öffnen. Auch bisherige Bekanntschaften, denen Sie nicht so viel Aufmerksamkeit geschenkt haben, aus welchen Gründen auch immer, können mit Ihrer neuen Sichtweise ganz andere Qualitäten haben und vielleicht sogar zur Freundschaft werden.

Erkennen Sie aber die „Freunde", die eigentlich keine sind. Freunde, die mehr nehmen als geben und nichts für die Freundschaft tun. Menschen, die es vielleicht nicht ernst mit Ihnen meinen oder auch nur auf Vorteile bedacht sind. Schauen Sie sich in Ihrem Umkreis um und gucken Sie einmal, wer es wirklich gut mit Ihnen meint.

Neue Freunde finden? Agieren gegen Einsamkeit

Während es als Kind oder Jugendlicher selbstverständlich war, neue Freunde zu finden, wird es als Erwachsener immer schwieriger. Neue Kontakte zu knüpfen, klingt einfach, ist es für viele aber nicht und richtige Freunde zu finden, schon gleich zweimal nicht.

Sie werden es sicherlich insgeheim auch schon einmal bemerkt haben: Neue Bekanntschaften zu schließen oder gar Freunde zu finden, wird ab einem gewissen Alter schwierig. Die Arbeit, der Haushalt und die Verpflichtungen nehmen viel Zeit der täglichen Lebenszeit in Anspruch. Das Leben hat eine Routine bekommen. Es fehlen neue Menschen, mit denen man auf neue Ideen kommt und diese ausprobiert.

Sofern Sie aber die Zeit und auch den Mut haben, finden Sie Leute, die vielleicht genauso wie Sie auf der Suche sind.

Wer Zeit und Mut investiert, findet Leute, die

genauso auf der Suche sind wie man selbst. Wichtig ist, bereit zu sein, auch einen eigenen Anteil zu leisten. Sie dürfen keine Angst haben, sich verletzbar zu machen oder sich offen zu zeigen. Sie sollten lernen, das eigene Misstrauen zu überwinden.

Eines ist jedoch ganz klar: Es gibt leider kein Rezept, um neue Freunde zu finden, da die Menschen so unterschiedlich sind.

Ein häufiger und relativ einfacher Weg ist es, Freundschaften über gemeinsame Interessen zu finden, zum Beispiel beim Sport im Verein oder auch durch Reisen. Natürlich können Sie auch die virtuellen Netzwerke hierfür nutzen. Nur verlassen Sie sich nicht allzu sehr hierauf. Viel wichtiger ist es, sich im „wirklichen Leben" zu treffen und gemeinsam aktiv etwas zu unternehmen.

Glauben Sie nicht, Sie sind allein und nur Sie suchen vielleicht neue Bekanntschaften und Freunde. Es geht sehr vielen Menschen so und dieses Thema ist brandaktuell, auch, wenn eigentlich nicht gerne darüber gesprochen wird. Wer gibt schon gerne zu, dass er keine oder nur sehr wenige Freunde hat? Wie ist es dazu gekommen?

Die Einsamkeit ist etwas, über das viele nicht

gerne sprechen und über das auch viel zu wenig gesprochen wird. Es ist ein Tabuthema.

Neue Leute kennenzulernen, ist eine Sache.
Langfristige Freundschaften aufzubauen, ist noch
eine ganz andere Sache.

KARTE KÖRPER

Nur wer sich selbst liebt, kann auch andere lieben.

Wer seinen Körper mag, strahlt das auch aus.
Das ist Ihnen sicherlich nicht neu und trotzdem sollten wir es uns an dieser Stelle noch einmal bewusst
machen.

Nun geht es an dieser Stelle ganz gewiss nicht
um einen Model-Körper oder überhaupt um ein be-
stimmtes Körperideal. Es sollte sich niemand kas-
teien, um einem bestimmten, häufig von Medien und
dem Social Media verbreiteten Ideal zu entsprechen.
Es geht hier ganz allein um Sie und darum, dass Sie
sich in Ihrem Körper wohlfühlen.

Vielleicht sind Sie auch in der guten Position und
fühlen sich wohl. Gratulation! Es ist wunderbar, mit
sich und seinem Körper im Einklang zu sein.

Für alle, die nicht ganz glücklich sind: Lassen Sie

uns überlegen, woran es liegt und wie Sie sich in Ihrem Körper wohlfühlen können.

Auf den Körper hören
Das Bauchgefühl

Nennen Sie es, wie Sie möchten, das Bauchgefühl, die innere Stimme, Ihr Gefühl oder auch Ihre Intuition. Im stressigen Alltag tun Sie häufig Dinge, bei denen Ihr Gefühl Ihnen sagt, dass Sie es machen oder auch besser lassen sollten. In vielen Fällen kann es sich lohnen, auf sein Bauchgefühl zu hören, denn sehr häufig ist dieses Gefühl genau das Richtige. Das ist sogar wissenschaftlich bewiesen. Die intuitiven Entscheidungen sind in vielen Fällen besser als die lang überlegten Entscheidungen.

Tatsächlich ist es so, dass viele Erkrankungen das Resultat oder die direkte Konsequenz unterdrückter Gefühle sind. Wir haben schlichtweg vergessen oder auch verlernt, auf unseren Körper zu hören.

Vielleicht sollten Sie sich auch einmal Gedanken machen über die konsumierten Genussmittel. Natürlich brauchen Sie nicht komplett darauf verzichten, aber Sie könnten sich einfach einmal Gedanken darüber machen, ob es wirklich ein Genuss ist (z. B. in Ihrer Hygge-Zeit) oder ob es sich eher um eine Suchtbefriedigung handelt.

Gehen Sie gut mit sich um!

Überlegen Sie, was Ihnen guttut. Nachstehend sind ein paar Punkte aufgelistet, die im Grunde selbstverständlich sind, häufig aber nicht beherzigt werden, dem Körper jedoch so guttun...

Bewegung mit Freude
Ein ganz schneller und sehr guter Weg, dass Sie sich in Ihrem Körper wieder wohlfühlen, ist die Bewegung. Alter Schuh...!! ...denken Sie jetzt. Natürlich ist die Idee nicht neu, es muss aber auch nicht immer alles neu sein, um richtig oder gut zu sein. Glauben Sie mir. Spüren Sie Ihren Körper. Können Sie sich daran erinnern, wie gut es sich anfühlt... ein leichter Muskelkater nach einer Sporteinheit? Das Gefühl, etwas erreicht zu haben?

Es geht um die vielen positiven Gedanken, die Sie während und nach einer kleinen Sporteinheit erfahren. Unser Körper ist für die Bewegung konstruiert. Alles andere macht uns eher steif und im schlimmsten Fall krank.

Das bedeutet jetzt nicht, dass Sie ins nächste Fitnessstudio gehen und einen Jahresvertrag unterzeichnen sollen oder stundenlang im strömenden Regen joggen zu gehen, wenn es Ihnen keinen Spaß macht. Wichtig ist wirklich der Spaß an der Bewegung und mit der Bewegung.

Auch beim Sporttreiben sollte man darauf achten, dass man Kleidung trägt, die bequem ist und einem auch gefällt. Es muss nicht der neueste Schrei sein. Auch hier: Richtig ist, was gefällt.

Anziehen
Tragen Sie Kleidung, in der Sie sich wohlfühlen.

Bewusstsein (aber bitte positiv)
Stellen Sie sich ganz bewusst vor den Spiegel und schauen Sie sich an. Was mögen Sie an sich? Welche Körperstelle finden Sie besonders „gut gelungen"? Sind es Ihre Augen? Die Augenfarbe? Die Form Ihrer Lippen? Vielleicht ist es Ihr Lachen?

Probieren Sie sich und Ihre Gesten vor dem Spiegel einmal aus. Studieren Sie sich und evtl. auch die Art, wie Sie auf andere wirken. Bleiben Sie unbedingt positiv... negative Gedanken wie „Meine Nase ist zu groß" oder „Die Beine sind zu kurz" sind TABU. Sollten diese doch langsam hochkommen, gehen Sie vom Spiegel weg und schreiben Sie nur die positiven Eindrücke, die Sie von sich gewonnen haben, auf einen Zettel. Machen Sie die Übung an verschiedenen Tagen hintereinander. Sie werden bald eine große Liste haben mit Punkten, die Ihnen an Ihnen gefallen. Wie wunderbar.

Gönnen Sie sich ausreichend Schlaf und achten Sie auf die Qualität Ihres Schlafs

Natürlich ist es in der heutigen Zeit so, dass ausreichend Schlaf Luxus ist. Allerdings ist es auch Fakt, dass zu wenig Schlaf das Immunsystem schwächt. Mit einem geschwächten Immunsystem gehen auch Unkonzentriertheit, Leistungsminderung und Vergesslichkeit einher.

Tipp: Schlafen Sie mindestens 1x die Woche richtig aus. Legen Sie den Tag fest (z. B. Sonntag) und lassen Sie diesen Termin nicht durch andere vermeintlich wichtigere Termine stören.

Denken Sie auch über die Qualität Ihres Schlafs nach. Das Einschlafen vor dem Fernseher beim langweiligen Abendprogramm, um dann völlig gerädert um 3 Uhr wach zu werden und festzustellen, dass evtl. der Wecker in 4 Stunden schon wieder klingelt, ist kein qualitativ hochwertiger Schlaf.

Wenn Sie müde sind, gehen Sie ins Bett.

Essen Sie möglichst gesund und ausgewogen und trinken Sie genügend

Auch dieses Thema ist natürlich bekannt, gute Ernährung ist wichtig. Also legen Sie mehr Wert auf bewusste und ausgewogene Ernährung – reichlich Obst, viel Gemüse und Ballaststoffe, weniger Fett und weniger Zucker. Trinken Sie ausreichend, am besten Wasser.

Genauso wichtig ist es aber auch, dass Sie sich regelmäßig etwas Gutes gönnen, ohne dabei an Kalorien oder Fett zu denken oder sogar ein schlechtes Gewissen zu bekommen. Schenken Sie sich solche Genussmomente... das ist Ihre Hygge-Zeit.

Wechselduschen

Einfach einmal morgens ausprobieren, um die Lebensgeister zu wecken. Der Kreislauf kommt in Schwung und Sie werden sich gut fühlen. Fangen Sie an mit einer warmen Dusche und wechseln Sie dann auf kalt, warm, kalt und schon bald können Sie Bäume ausreißen.

Solche Wechselbäder bzw. Duschen werden zur Stärkung des Immunsystems empfohlen.

Stress
Stress macht krank.

Auch dieses Thema ist Ihnen sicherlich bekannt, trotzdem sollten Sie einmal verstärkt Ihr Augenmerk darauf legen.

Starker Stress über einen längeren Zeitraum greift nachweislich die Gesundheit an und schränkt Ihre Lebensqualität ein. Versuchen Sie, ganz bewusst die Stressphasen durch jeweils folgende Entspannungsphasen auszugleichen. Achten Sie darauf.

Lachen
Lachen tut so gut! Natürlich gibt es in der Hektik des Arbeitsalltags häufig recht wenig zum Lachen. Aber denken Sie daran, Sie sind selbst dafür verantwortlich, etwas zum Lachen zu finden. Was finden Sie lustig? Oder was erheitert Sie? Eine nicht ganz einfache Übung, aber es lohnt sich.

Denken Sie daran, dass Sie sich bewusst mit Menschen oder auch mit Freunden treffen, mit denen Sie lachen können.

Ihr Hygge-Punkt
Vielleicht schon gehört? Die Thymusdrüse.

Es gibt einen Punkt am Körper, der Ihnen schnell innere Ruhe und Zufriedenheit schenkt. Probieren Sie es aus, es ist ganz einfach!

Die richtige Stelle

Tasten Sie mit den drei mittleren Fingern Ihre Brust ab, bis Sie etwa 3 Fingerbreit über der Mitte Ihres Brustbeins sind, oder anders beschrieben, etwa drei Fingerbreit unter der Stelle, an der der harte Brustkorb zum weichen Hals wird.

Den Hygge-Punkt aktivieren

Nachdem Sie die Stelle gefunden haben, klopfen Sie etwa 15-30 Sekunden sanft auf diese Stelle. Ein leises Summen kann das Klopfen unterstützen, bis Sie ein leichtes Gefühl der Entspannung oder Zufriedenheit empfinden. Dieses Gefühl kann sich auch spontan in einem Gähnen oder Seufzen äußern.

Der Effekt wird besser, je öfter Sie diese kleine Übung wiederholen. Dreimal täglich sollten Sie an Ihren Hygge-Punkt denken und ihn vitalisieren. Bereits nach einer Woche werden Sie einen

Unterschied spüren.

Was passiert?

Die Thymusdrüse steht im Zusammenhang mit dem Immunsystem und dem Knochenmark. Dort werden die T- und die B-Lymphozyten gebildet, Abwehrzellen, die im Blutkreislauf zirkulieren und körperfremde Erreger vernichten. Beim erwachsenen Menschen nimmt die Größe der Thymusdrüse deutlich ab und ihr lymphatisches Gewebe wird durch Fettgewebe ersetzt.

Durch das sanfte Klopfen wird die Aktivität der Thymusdrüse angeregt.

Größere Stressresistenz, mehr Energie, ein gestärktes Immunsystem und vor allem ein tiefes Glücksgefühl – all das kann die Aktivierung der Thymusdrüse auslösen.

KARTE ARBEIT

„Karriere ist etwas Herrliches, aber man kann sich nicht in einer kalten Nacht an ihr wärmen." (Marilyn Monroe)

Die meisten Arbeitsplätze in Deutschland sind wenig hyggelig. Wenn man nun einen ständig wechselnden Arbeitsplatz hat, ist es klar, dass man sich diesen nicht so hyggelig gestalten kann wie einen festen Arbeitsplatz.

Das Arbeiten in den skandinavischen Ländern

In den skandinavischen Ländern ist sie durchaus häufiger anzutreffen, die Hyggeligkeit bei der Arbeit. Es fängt schon bei der Arbeitszeit an. Während man in Deutschland häufig schräg angeguckt wird, wenn man um 17 Uhr das Büro verlässt, herrscht in den skandinavischen Ländern in den meisten Büros um 17 Uhr schon gähnende Leere. Der Job ist wichtig, aber nicht wichtiger als das Privatleben. Eine völlig andere, aber sehr gesunde Einstellung.

Probieren Sie es einmal aus. Tasten Sie sich einmal an einen etwas früheren Feierabend heran, sofern das möglich ist, und machen Sie bewusst Feierabend. Schließen Sie mit der Arbeit für diesen Tag am Feierabend ab.

Hygge im Büro: Vier Tipps

Das dänische Einrichtungsdesign ist klar und hat leichte Farben und Formen. Es ist eher unaufdringlich und gibt dem Raum die Freiheit für Ideen. Ein hyggeliger Arbeitsplatz kann sich positiv auf die Bürogemeinschaft und auch auf die Produktivität auswirken.

Hier ein paar Beispiele, die Sie anregen sollen, vielleicht auch etwas an Ihrem Arbeitsplatz zu verändern:

1.   Gibt es in Ihrem Büro einen Gemeinschaftsraum, der dafür vorgesehen ist, zu Mittag zu essen oder zusammen mit Kollegen einen Kaffee zu trinken, der aber nicht richtig genutzt wird? Ändern Sie das! Suchen Sie das Gespräch mit den Kollegen, Sie werden erstaunt sein, was diese so zu berichten haben. Nutzen Sie den Raum hierfür.

2.   Das Licht spielt auch eine große Rolle im Büro. Viel Licht spielt dem Körper z. B. Freiraum vor und ist das richtige Ambiente für neue Projekte. Große Fenster, natürliches Licht und die richtigen Lampen (Tageslichtlampen) sollten daher genutzt werden.

3. Ein viel zu enger Raum oder Stellwände führen eher zu einem buchstäblichen Brett-vor-dem-Kopf-Gefühl. Große gemeinschaftliche Arbeitsflächen, ein strukturierter Raum, offen und übersichtlich, geben einem ein gutes Gefühl und beflügeln einen eher in der Arbeit. Die Augen können sich so auch einmal vom Bildschirm erholen und durch den Raum schweifen. Auch die immer mehr in den Trend kommenden Coworking-Konzepte eignen sich sehr für Hygge. Hier bleibt alles in Bewegung und hin und wieder taucht ein neues Gesicht auf.

4. Die Einrichtung sollte gemeinschaftlich nutzbar sein und doch individuell in das Konzept passen. Geht das überhaupt? Natürlich! Stühle sollten in verschiedenen Höhen einstellbar sein, Stehtische sind wunderbar, um konzentriert in einer anderen Position zu arbeiten, und das Computerdisplay sollte im Verhältnis zur Körpergröße stehen. Unter dem Schreibtisch sollte es eine Möglichkeit geben, die Füße auch einmal hochzulegen. All das sind Ideen, die Sie schnell umsetzen können und Ihr Arbeitsplatz wird damit spürbar hyggeliger.

KARTE SOCIAL-MEDIA / MEDIEN – ZEITFRESSER

Was ist Social-Media überhaupt?

Social-Media sind „soziale" Netzwerke, Blogs etc., in denen Nutzer und Nutzerinnen ihr Online-Leben leben und auch mit anderen Nutzern und Nutzerinnen kommunizieren können. Für viele ist das in der heutigen digitalisierten Welt völlig normal, sogar selbstverständlich und „ihr Leben"! Für Sie auch? Machen Sie sich darüber einmal Gedanken. Ist das wirklich ein soziales Netzwerk, was Sie da am PC oder Smartphone haben? Sollte das soziale Netzwerk nicht bei den Nachbarn beginnen, die einem z. B. mit einem Liter Milch aushelfen können?

Viele Menschen sind süchtig, richtig gelesen, süchtig nach Social Media. Sie sind bzw. machen sich abhängig hiervon. Wurde meine Nachricht gelesen? Wer findet mein Bild bzw. meinen Beitrag gut oder nicht. Wer reagiert wie und so weiter. Versuchen Sie einmal, gegen den Strom zu schwimmen: Lassen Sie das Handy einfach einmal in der Tasche, reagieren Sie einfach einmal nicht sofort auf Nachrichten o. Ä. und seien Sie auch einmal nicht erreichbar, z. B. in Ihrer Hygge-Zeit.

Versuchen Sie es doch einmal mit einer Medien-Diät. Verzichten Sie für einen selbstbestimmten Zeitraum so gut es geht auf alle Medien (Zeitungen, Magazine, Sendungen, Webseiten, Newsletter, Videos, soziale Medien etc.). Lassen Sie sich von den Medien für diesen Zeitraum nicht beeinflussen. Sie werden schnell merken, wie viel Zeit Sie plötzlich haben und wie still es um Sie ist.

Merken Sie, wie viel Einfluss die Medienwelt auf uns nimmt?

KARTE ORGANISATION

Organisiert sein, Organisieren... was bedeutet das überhaupt?

Stets pünktlich und aufgeräumt, alles rechtzeitig fertig und jede Menge Hygge-Freizeit – das hört sich doch gut an. Lassen Sie uns gemeinsam das Geheimnis der organisiert wirkendenden Menschen unter die Lupe nehmen und vielleicht das eine oder andere Geheimnis entschlüsseln.

Die liebe Zeit

Es scheint so, als hätten organisierte Menschen für alles Zeit. Wie machen das diese Menschen nur?

Diese Menschen sind gut organisiert und managen Ihre Aufgaben.

Wie planen Sie Ihre Zeit? Wie können Sie Ihre Zeit noch besser nutzen? Bestimmte Aufgaben zu delegieren, ist hier nur eine Möglichkeit. Holen Sie sich Hilfe und lernen Sie, angebotene Hilfe anzunehmen. Das will gelernt sein, viel zu sehr ist jeder Einzelkämpfer. Nehmen Sie Hilfe an, das ist vollkommen in Ordnung.

Sachen ablegen

Kennen Sie das? Sie haben die Schuhe angezogen, die Jacke angezogen und wollen Ihre vier Wände verlassen, aber wo war noch gleich der Schlüssel? Wo ist der Schlüssel gestern nach dem Nach-Hause-Kommen gelandet? Oder Sie wissen, das letzte Woche ein Schreiben der Versicherung kam und Sie wollen sich nun der Sache annehmen... wo war das Schreiben noch gleich? Wo haben Sie es hingelegt? Die organisierte Lösung lautet: Alles hat seinen festen Platz. Richten Sie sich Ablagen oder Schubladen ein, in denen Sachen abgelegt werden. FESTE PLÄTZE lautet das Geheimnis. Sie werden Zeit und Nerven sparen und wesentlich organisierter sein.

Listen

Menschen, die organisiert sind, führen häufig Listen. Das ist eigentlich kein Geheimnis, oder? Können Sie sich merken, was Sie alles noch erledigen wollen, müssen und sollen? Was ist wirklich wichtig und was hat noch Zeit? Wenn Sie noch keine Listen führen, fangen Sie an. Sie werden schnell merken, welche Gliederung für Ihre Listen sinnvoll und auch realistisch ist. Machen Sie nicht den Fehler und schreiben Sie sich eine ewig lange Liste, deren Aufgaben kaum zu schaffen sind und die Sie am Ende auch nicht schaffen. Das frustriert einfach nur. Unterscheiden Sie in kurzfristige Aufgaben und langfristige Aufgaben. Sie werden schnell merken, wie organisiert Sie sind.

Schnelle Entscheidungen

Auch wer organisiert ist, muss immer wieder schnelle und deutliche Entscheidungen treffen. Es ist sogar so, dass organisierte Menschen schnellere und häufig bessere Entscheidungen treffen, weil vieles klarer und strukturierter ist. Das fängt beim Einkauf an und hört beim Ausmisten, z. B. des Kleiderschranks, auf. Was ist das Wichtigste an einer Entscheidung? Was meinen Sie?

Die Entscheidung muss nicht perfekt sein, das Wichtigste ist, Sie müssen die Entscheidung umsetzen und Sie müssen zu Ihrer Entscheidung stehen. Vergeuden Sie Ihre Zeit nicht mit viel zu langem Nachdenken und Abwägen. Freuen Sie sich lieber auf die nächste Entscheidung, die auf Sie wartet, um getroffen zu werden.

KARTE FREIZEIT

Gehören Sie bereits zu den glücklichen Menschen, die einem Hobby nachgehen und wirklich Spaß daran haben? Dann haben Sie für Ihre eigene Hygge-Zeit schon sehr viel getan. Bleiben Sie dran, erweitern Sie es und nehmen Sie neue Hürden oder Herausforderungen an. Ein passendes Hobby trägt sehr zum Glücklichsein bei.

Wenn Sie noch kein richtiges oder passendes Hobby gefunden haben, ist das nicht schlimm. Jetzt ist der richtige Zeitpunkt, sich ein schönes Hobby zu überlegen.

Nun sollten Sie bei Ihrer Überlegung nicht den Fehler machen und zwanghaft darüber nachdenken, woran Sie in den nächsten 20 Jahren Spaß haben.

Machen Sie das bloß nicht. Überlegen Sie sich lieber, was Sie schon immer einmal gerne ausprobiert oder gemacht hätten. Überlegen Sie sich einmal, was Sie in Ihrer Kindheit gerne gemacht haben. Ist es vielleicht wiederholungswürdig? Wie wäre es, wenn Sie sich einmal wieder auf Inliner stellen oder aber anfangen, zu malen? Vielleicht entdecken Sie auch das Kochen als Ihr neues Hobby. Oder möchten Sie gerne das Töpfern ausprobieren? Wie wäre es mit einem Instrument? Handarbeit ist auch ein sehr schönes kreatives Hobby.

Ihnen fällt so überhaupt nichts ein? Besorgen Sie sich ein Kursbuch, z. B. von der Volkshochschule, und stöbern Sie hier bei den angebotenen Kursen in Ihrer Nähe. Oder machen Sie sich beim örtlichen Turnverein schlau. Sicherlich werden Sie etwas finden, was Sie interessiert und wozu Sie Lust haben. Fragen Sie Freunde, ob diese auch Lust hätten, an dem einen oder anderen Kurs teilzunehmen.

Schauen Sie sich in Ihrem Freundes- oder Bekanntenkreis um. Welche Hobbys werden hier ausgeübt? Vielleicht könnten Sie sich einmal verabreden und es auch ausprobieren.

Wichtig ist nur: FANGEN SIE AN!!

KARTE URLAUB

Was bedeutet das Wort Urlaub überhaupt? Haben Sie sich darüber schon einmal Gedanken gemacht?

Das Privileg kommt aus aristokratischen Kreisen und hatte mit der heutigen Bedeutung des Wortes ursprünglich nur sehr wenig zu tun. Althochdeutsch ist das Wort „Urloub" seit dem 8. Jahrhundert in Gebrauch und es bedeutet ganz einfach „Erlaubnis". Hätten Sie das gedacht? Mit dieser Erlaubnis durften die Ritter ihre Herren oder Damen verlassen, um ihren anderen Pflichten nachzukommen, z. B. als tapferer Kämpfer oder auch als Botschafter. Es war ein Ausdruck von Adel und hatte wenig mit Entspannung, Auszeit und Erholung zu tun.

Erst die Neuzeit integrierte das Wort in die Dienst- und Arbeitsverhältnisse. Seither ist es eine vorübergehende vom Dienstherrn genehmigte Befreiung von der bezahlten Arbeitszeit.

Sicherlich ist Urlaub eines Ihrer Lieblingswörter, oder?

Oft gehört und gehabt, aber auch WIRKLICH Urlaub gemacht?

Wenn die schönsten Wochen des Jahres kommen und wir ans Meer, in die Berge oder in fremde

Länder fahren, das ist Urlaub.

„Urlaub ist die schönste Zeit im Jahr" kann man sagen, doch „Urlaub ist *mit* die schönste Zeit im Jahr" klingt viel besser und so soll es auch in Zukunft bei Ihnen sein.

Denken Sie einmal zurück: War Ihr vergangener Urlaub wirklich die schönste Zeit im ganzen Jahr? Was verstehen Sie persönlich unter Urlaub?

Wo wollten Sie schon immer einmal hin? Welche Stadt, welches Bundesland, welche Region oder welches Land interessiert Sie? Ist es für Sie wichtig, wegzufahren, um Urlaub zu machen? Oder können Sie auch Ihren Urlaub zu Hause genießen?

Viele bringen Sonne, Strand und Meer mit Urlaub in Verbindung. Andere mögen lieber eine Wandertour in den Bergen. Egal, welcher Urlaubstyp Sie persönlich sind, machen Sie es sich schön und unvergesslich.

Sonne, Regen oder auch Sturm können Ihnen nichts anhaben. Nach dem Spaziergang am Strand, an dem Sie sich so richtig durchpusten lassen haben, zünden Sie eine Kerze an, setzen Tee auf und essen ein leckeres Stück Kuchen oder vielleicht auch Butterkekse.

Schnappen Sie sich ein extra für den Urlaub zugelegtes Buch sowie eine eiskalte Limonade aus dem Kühlschrank und machen Sie es sich gemütlich auf Ihrem Balkon oder auf der Terrasse. Es ist Ihre Zeit!

In Ihrer Urlaubszeit sollten vor allem die Zeitfresser kein Thema sein. Es soll Ihnen so richtig gut gehen. Sie haben viel für IHREN URLAUB getan. Versuchen Sie, die Karten in Ihrem Urlaub anzuwenden. Genießen Sie die schöne Zeit. Machen Sie es sich hyggelig. Fahren Sie weg oder bleiben Sie zu Hause, aber unternehmen Sie etwas!

Machen Sie Ihren Urlaub mit zu Ihrer schönsten Zeit im Jahr.

KARTE FÜR SIE

Hygge nur für Sie

Nehmen Sie sich nun das letzte Gedankenkärtchen vor. Diese Karte konzentriert sich noch einmal ganz auf Sie. Sind Sie schon etwas mehr Hygge geworden? Hier kommen noch einmal 10 Punkte, die Ihnen vielleicht noch etwas bei der Umsetzung helfen.

1. Gut essen

Genuss – das sollte das Wichtigste sein. Nicht die Kalorien zählen, sondern der Genuss zählt, ob Kuchen, Schokolade oder das Glas Rotwein. Wenn wir essen, dann mit Vergnügen. Einfache Rezepte, gute Produkte. Gehen Sie einmal auf den Markt und kaufen Sie dort die Zutaten für Ihren nächsten Kochabend oder das Obst für das Frühstück ein. Sie werden staunen, wie viel Spaß es macht und wie gut es sich anfühlt.

2. Gemeinsam nicht einsam

Die Menschen sind soziale Wesen. Die Seele und das Gemüt werden durch das Beisammensein gestärkt. Nehmen Sie sich diese Zeit, Momente mit der

Familie, den Freunden, den Bekannten oder mit Fremden zu erleben und auch zu teilen.

3. Werte schätzen und auch wertschätzen

Ein schöner alter „Omasessel", ein richtig schicker Designertisch, ein Erbstück, ein selbst gemaltes Kinderbild. Überlegen Sie einmal... schauen Sie sich einmal in den eigenen 4 Wänden um: Nicht die neuesten Trends und die teuersten Sachen, sondern IHR PERSÖNLICHES Zuhause macht den Hygge-Stil aus. Schätzen Sie das, was Sie haben, und schielen Sie nicht immer wieder zu Dingen, die Sie gerne hätten.

4. Im Jetzt leben – die Vergangenheit ist nicht zu ändern

Ihr Leben findet jetzt statt. Nehmen Sie das Leben vom ersten Augenaufschlag am Morgen bis zum Schließen der Augen am Abend wahr. Achten Sie auf all die großen und auch kleinen Momente am Tag, die Ihr Leben besonders machen. Sie werden sicherlich feststellen, wie viele besondere Momente es gibt, wenn Sie erst einmal gelernt haben, darauf zu achten.

5. Die Natur erleben

Der frische Morgen nach einer kalten Nacht, der Reif auf dem Gras oder die Schuhabdrücke im Schnee im Winter. Nehmen Sie einmal bewusst die Natur wahr und spüren Sie die Sonne oder den Regen im Gesicht. Es wird Ihnen guttun.

6. Geborgenheit spüren

Ihr Fundament fürs Leben sind die Menschen, auf die Sie zählen können. Vergessen Sie das nicht. Das ist Ihre Familie, das sind Ihre Freunde. Durch diese Menschen, Ihr Fundament, fühlen Sie sich geborgen und beschützt.

7. Gleichheit

Machen Sie keinen Unterschied aufgrund des Kontostands. Er sollte keine Rolle spielen, denn die Gleichheit beginnt im Herzen. In einer Welt, in der sich keiner über den anderen stellt, haben Intoleranz, Abneigung und Neid keine Chance. Beherzigen Sie das!

8. Wohlfühlen

Ihr Zuhause ist Ihre Insel, Ihre Burg, Ihre Festung und Ihr Paradies – wie auch immer Sie es nennen mögen. Hier finden Sie Geborgenheit, Frieden und Ruhe → Hygge.

9. Zufriedenheit

Hier sind Sie wieder bei der Dankbarkeit angelangt. Zufrieden ist der, der die Dankbarkeit kennt. Das ist der Schlüssel für Ihr Lebensglück. Freuen Sie sich über das Leben. Oder glauben Sie wirklich, dass höher, schneller, größer und weiter wirklich automatisch glücklich macht?

10. Zeit

Manchmal, das wissen Sie gewiss, läuft das Leben ganz anders als geplant und trotzdem finden Sie eine Lösung. Die größte Hilfe in vielen solcher unplanbaren Situationen ist die Zeit. Wenn möglich, schlafen Sie eine Nacht über die Ereignisse, am nächsten Tag wird es vielleicht schon anders von Ihnen wahrgenommen.

KARTEN ZUM AUSDRUCKEN UND AUSSCHNEIDEN:

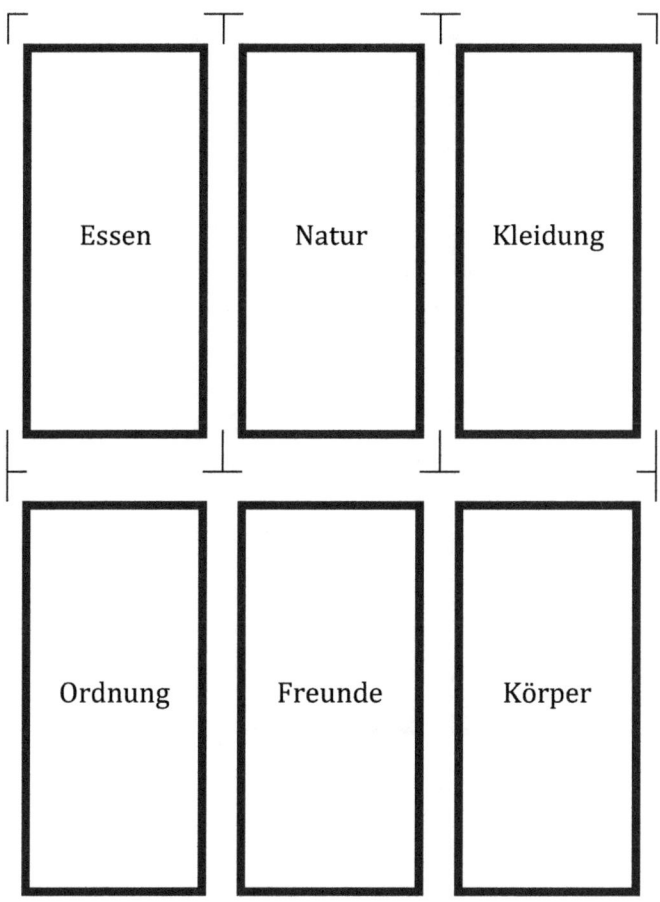

Essen	Natur	Kleidung
Ordnung	Freunde	Körper

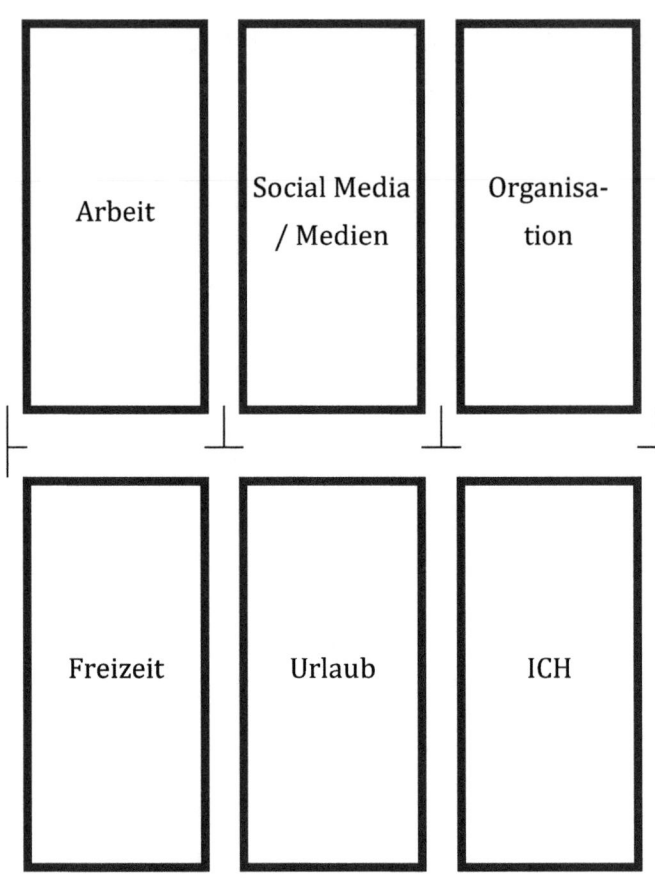

Arbeit

Social Media / Medien

Organisa-tion

Freizeit

Urlaub

ICH

Herstellung und Verlag:

BoD – Books on Demand, Norderstedt

ISBN: 9783751933605

© Anneke Bluhm 2020

1. Auflage

Kontakt: Psiana eCom UG/ Berumer Str. 44/ 26844 Jemgum

Covergestaltung: Fenna Larsson

Coverfoto: depositphotos.com